JN191521

トランプが戦争を止める

米露蜜月とネオコンの崩壊

渡辺惣樹
Watanabe Soki

PHP

トランプが戦争を止める

目次

第1章 共和党の変貌――RINO党からトランプ党へ

第2章 トランプ暗殺未遂とFBI

第3章　言論の自由の回復

第4章 世界人口削減論者、医療系官僚、大手製薬会社
——悪魔のトライアングル

第5章　ウクライナ戦争終結、ネオコン最後のあがき

第6章　米露頂上会談への期待

第1章

共和党の変貌

——RINO党からトランプ党へ

第1節　9・11事件と1・6事件

世論調査が当てにならない

２０２４年7月13日土曜日、私はペンシルバニア州の田舎町バトラーで行われていたトランプラリー（演説会）を聞き入っていた。全てのラリーを追っているわけではないが、米国世論の動向を観察するには、やはり実際のラリーの模様をリアルタイムで観察することが重要である。

その大きな理由の一つが、世論調査が当てにならないことである。米国の世論調査の当てにならないことは、２０１６年の大統領選挙で実証済みである。

日本の評論家の中で、トランプ勝利の可能性を語るものはほとんどいなかった。メディアで発表される世論調査によればヒラリー・クリントン優勢がはっきりしていた。そんな中で、私は月刊誌『Ｖｏｉｃｅ』（２０１６年11月号）で、「トランプ大統領のアメリカ」と題した論考を発表した。

当時の私は日々繰り広げられるトランプラリーのほとんどを聞き、そして左翼民主党の牙城アメリカ西海岸を周りアメリカ国民の生の反応を探った。ラリーは回を増すことにその熱狂が増した。西海岸の都市では、一般人の家の前庭には、トランプ支持のボード（小型選挙ポスター掲示板）ばかりが立てられていた。私が見た限りでは、ヒラリー・クリントンのボードは１枚もなかった。

そうした実情を踏まえて執筆したのが「トランプ大統領のアメリカ」だった。私自身はそれなりの自信があった記事だったが、当時の言論界の空気は、こうした記事を掲載するには相当な勇気が要ったらしいことを後で知った。それでも表紙に論考のタイトルまで入れてもらった。担当の編集長の英断に感謝している。

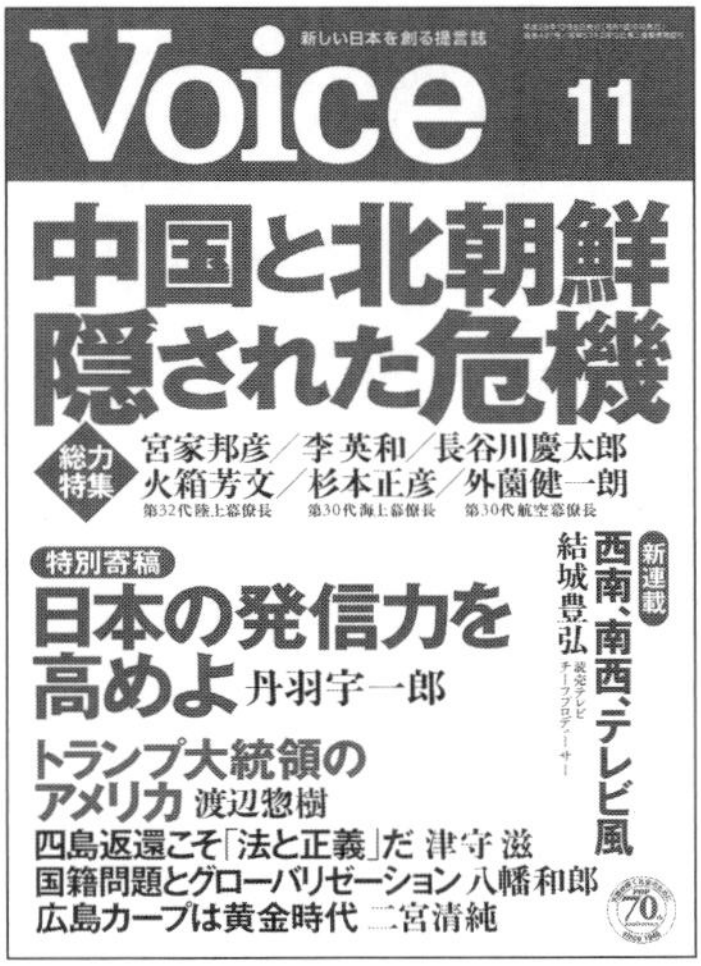

『Voice』2016年11月号

あり得ない奇妙な「バイデンジャンプ」

トランプ支持の熱狂は、２０２０年選挙でも同様だっただけに、トランプ再選は当然だと考えていた。しかし、多くの読者の記憶に新しいと思うが、スイングステートと呼ばれる民主・共和両党が拮抗する州の開票作業では深夜になって奇妙な中断があった。数時間後に開票が再開されると突然にバイデン票が伸びた。それが「バイデンジャンプ」と言われる統計学的にはあり得ないバイデン票の突然の伸びであった。

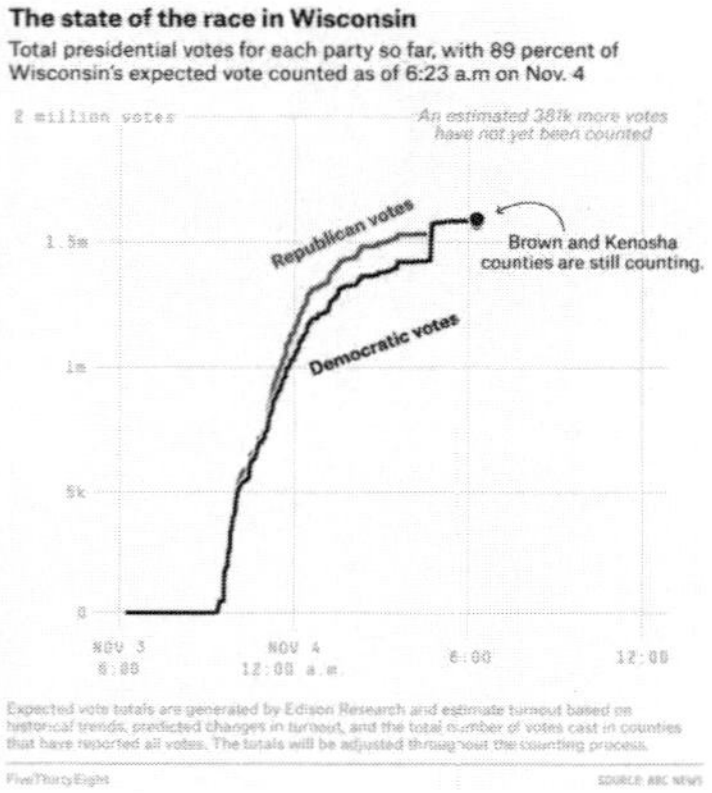

ウィスコンシン州における
「バイデンジャンプ」

誰もが首をひねったが、私にはとても考えられなかったジョー・バイデンが当選した。この選挙には民主党による選挙不正行為があったことは今ではほぼ常識になっている。コロナ禍を悪用して民主党は多くの州で郵送による投票を合法化した。

不正を誘発する可能性が高い郵便投票は、多くの州に一定の条件付きで認められてはいた。高齢者施設に入っていたり、寝たきりであるなどの理由など合理的な理由がある場合だけに限って、極めて限定的に認めるだけだった。それが、コロナ流行で投票所に行けない有権者のためであるという物言いで、大規模な郵便投票が野放図に許可された。

その結果、投票権限のないもの（非有権者）、１９０１年生まれの有権者の票（死人票）、コンビニや廃屋を住所にした票、州外転出者の転出前と転出後の２つの州でのダブル投票など常識では考えられない不正投票などが多発した。

それに加え、集計に使われた機器（ドミニオン社製）の誤作動（トランプ票のバイデン票への付け替えや外部からの機器への侵入）などが指摘された。ドミニオン社の元社員の証言で、そうした誤作動や外部侵入が意図的だった疑惑も浮上した。

日本の識者の中にも、不正投票はなかったと言い張るものがいたが、今では不正投票があったことは疑いのない事実となっている。民主党にコントロールされている主要メディアは、「不正投票はなかった」「少しはあったかもしれないが、結果を左右するものではない」などと言い張り、バイデン当選を擁護した。

２０２３年12月、世論調査専門会社ラスムーセンがあるアンケート結果を公表した。[*1] アンケートに応じた有権者の21％が、自分自身が不正行為をしたと認めた。他人の投票用紙（たとえ

『公文書が明かすアメリカの巨悪』

ば配偶者や子供用の投票用紙）に勝手に書き込んで投票したのである。同一人物に複数の用紙が郵送されていた事例もあった。

私は不正の実態を、あえて公文書だけを利用して暴いた書『公文書が明かすアメリカの巨悪』（ビジネス社）を上梓した。容易に不正を生む米国選挙制度の実態に興味ある方は参考にしていただきたい。２０２０年選挙の「でたらめぶり」が手に取るようにわかるはずである。

イラク侵攻の黒幕チェイニー

民主党の大がかりな選挙不正がなぜ可能だったのか。単純にいえば共和党が無能だったからである。当時の共和党には反トランプの名前だけの共和党員、つまり共和党所属ではありながら名前だけの共和党員、いわゆるＲＩＮＯ（Republican in Name Only）と呼ばれる勢力が蔓延(はびこ)

っていた。

彼らは民主党が進める選挙不正を生みやすい選挙制度の改悪にだんまりだった。共和党全国委員会（ＲＮＣ：Republican National Committee）は、共和党主流派つまり、民主党グローバリストに追随してトランプを毛嫌いする勢力の牙城だったのである。ＲＮＣは、民主党がせっせと選挙不正をやりやすくする環境を整えていくことを傍観した。それがバイデン大統領誕生の理由だった。共和党は、傍観することで、民主党の選挙不正という「犯罪」に手を貸したのである。つまり「未必の故意」という一種の犯罪を犯していたといえる。

しかし、共和党内でトランプを支持する勢力は諦めなかった。ＲＩＮＯの排除がゆっくりと、そして確実に進んでいった。その象徴が、リズ・チェイニーの失脚である。彼女が下院共和党議員団のナンバー３の地位を失ったのは２０２１年5月12日のことである。

リズ・チェイニーの父親はディック・チェイニー元副大統領である。子ブッシュ（ジョージ・Ｗ・ブッシュ）政権を実質的に差配していたのがチェイニー副大統領であった。そのことはよく知られている。米国は、９・11事件（世界同時多発テロ事件：２００１年9月11日）を利用して、事件とは無関係だったイラクに侵攻した。イラク侵攻を実現した黒幕はチェイニーだったのである。

北京国家体育場（鳥の巣スタジアム）

科学的に説明できない9・11

そもそも9・11事件は、科学的に説明できない事象があまりに多かった。事件当初から米国政府は情報を出し渋り、事件現場の捜査（調査）もおざなりだった。

崩壊して無惨に晒（さら）された大量の鉄骨はたちまち中国に売り飛ばされた。北京オリンピック（2008年）の名物建築となった鳥の巣スタジアムの一部に、世界貿易センタービルの溶けた鉄骨が再利用されているらしい。本来ならそうした鉄骨は重要な証拠物である。ブッシュ政権は、何か汚いものを処理するかのように現場から消し去った。

世界貿易センターの2つのビルの崩落でおよそ5万トンの鉄材が出た。この廃材をスクラップメタルとして買

The Open Chemical Physics Journal, **2009**, *2*, 7-31　　7

Open Access

Active Thermitic Material Discovered in Dust from the 9/11 World Trade Center Catastrophe

Niels H. Harrit[*,1], Jeffrey Farrer[2], Steven E. Jones[*,3], Kevin R. Ryan[4], Frank M. Legge[5], Daniel Farnsworth[2], Gregg Roberts[6], James R. Gourley[7] and Bradley R. Larsen[3]

[1]*Department of Chemistry, University of Copenhagen, Denmark*

[2]*Department of Physics and Astronomy, Brigham Young University, Provo, UT 84602, USA*

[3]*S&J Scientific Co., Provo, UT, 84606, USA*

[4]*9/11 Working Group of Bloomington, Bloomington, IN 47401, USA*

[5]*Logical Systems Consulting, Perth, Western Australia*

[6]*Architects & Engineers for 9/11 Truth, Berkeley, CA 94704, USA*

[7]*International Center for 9/11 Studies, Dallas, TX 75231, USA*

Abstract: We have discovered distinctive red/gray chips in all the samples we have studied of the dust produced by the destruction of the World Trade Center. Examination of four of these samples, collected from separate sites, is reported in this paper. These red/gray chips show marked similarities in all four samples. One sample was collected by a Manhattan resident about ten minutes after the collapse of the second WTC Tower, two the next day, and a fourth about a week later. The properties of these chips were analyzed using optical microscopy, scanning electron microscopy (SEM), X-ray energy dispersive spectroscopy (XEDS), and differential scanning calorimetry (DSC). The red material contains grains approximately 100 nm across which are largely iron oxide, while aluminum is contained in tiny plate-like structures. Separation of components using methyl ethyl ketone demonstrated that elemental aluminum is present. The iron oxide and aluminum are intimately mixed in the red material. When ignited in a DSC device the chips exhibit large but narrow exotherms occurring at approximately 430 °C, far below the normal ignition temperature for conventional thermite. Numerous iron-rich spheres are clearly observed in the residue following the ignition of these peculiar red/gray chips. The red portion of these chips is found to be an unreacted thermitic material and highly energetic.

"Active Thermitic Material Discovered in Dust from the 9/11 World Trade Center Catastrophe" The Open Chemical Physics Journal, 2009, 2, 7-31

い付けたのは中国国有鉄鋼企業宝鋼集団（Boasteel）だった。他にも数社が買い付けているが、宝鋼集団の買値はトン当たり120ドルであった。[*2]

「世界貿易センタービルの鉄骨は日本からの輸入品だった。『世界貿易センターが立てられたのは1970年代だったが、当時、日本の鉄鋼が世界最高品質だった』と宝鋼集団の関係者が語っている」[*3]

2つのビルの崩壊の犠牲者親族は、溶けた鉄骨の中国への売却に反発した。犯罪の証拠となる溶解鉄骨の売却はこの事件の捜査（調査）が終わるまで待ってほしいと、ビルの所有者だったニューヨーク市に請願したが、「鉄骨がなくても調査は継続可能である」[*4]としてにべもなかった。
多くの爆破解体専門家が、２つのビルの崩壊は典型的な、計算された爆破解体（controlled demolition）であると指摘していた。それだけに、ニューヨーク市の「証拠物」（溶解鉄骨）を隠すかのような慌てたような中国への売却は多くの専門家や犠牲者遺族の疑念を生んだ。
疑念は、現場近くで採取された粉塵の分析結果が発表されたことでより深まった。９人の科学者による分析結果は、化学物理学の専門誌（The Open Chemical Physics Journal, 2009）で公開された。[*5]
論文は、テルメート（Thermate）の痕跡（残留物）があったと断じていた。テルメートは焼夷弾にも使われるテルミットの兄貴分のような爆薬である。テルミットは常温では安定しているが、いったん発火すると瞬時に３０００度以上の高温を生み、鉄を一気に融解する。鉄の溶解温度は、含まれる炭素量によって異なるが、１３５０度から１５４０度程度で完全に液体状態になる。[*6]
私はテルメートの存在が確認された時点で、旅客機の衝突した世界貿易センタービル二棟が瞬時に消えた事件は、インサイドジョブ（内部犯行）だと確信した。実は、旅客機の衝突さえなかった貿易センタービルに隣接する№７ビルディングも瞬時に崩壊している。

貿易センタービルの溶けた鉄骨

「犯人」はテルミットの痕跡がはっきりと残るだろう溶けて変形した鉄骨を早々に処理したかった。それがあたふたと進められた中国への売却であったと思われる。ところが「犯人」は知らなかったが、崩壊時に発生した粉塵が採集されていた。そこから犯行の「指紋」が検出されることになったのである。

航空燃料は、要するに灯油と同じで、燃焼温度は最高でも９８０度程度である。航空燃料が鉄骨を溶かすことは物理的に不可能なのだ。だからこそ航空機の衝突による崩壊という虚構の物語には溶けた鉄骨の存在が邪魔だった。

ここに崩壊直後に撮影された鉄骨の写真を示した。鉄骨がナイフで切られたように見えているのは、一瞬で溶解するようにテルメートが仕掛けられていたことを示している。こんな「証拠物」は直ちに処分しなくてはならなかった。

科学的には、航空燃料が燃えて鉄骨を溶かすことはな

“9/11 and Iraq: The making of a tragedy”
ブルッキングス研究所ホームページより

いのである。

イラク侵攻正当化のために「企画」した事件

何のための「犯行」だったのか。当時の子ブッシュ政権（ジョージ・W・ブッシュ大統領）は、犯行の主犯だとされたアルカイダを匿うアフガニスタン侵攻を直ちに検討した。早くも同年12月7日、米軍を中心とする多国籍軍はアフガニスタン侵攻を開始した。

しかし、アフガニスタン侵攻は序章に過ぎなかった。米国の真の狙いはイラクのレジームチェンジだった。影の実力者ディック・チェイニー副大統領が支配するブッシュ政権は、9・11事件直後に、事件とは無関係のイラク侵攻を決めていた。そのことは当時CIA（中央情報局）幹部だったブルース・リーデルがブルッキングス研究所発行の論考（2021年9月17日付）で明らかにしている。

ブルース・リーデルは、当時CIA中近東担当シニアディレクターだったことから、国家安全保障会議（National Security Council）に参加していた。そして彼は会議の模様をメモに残していた。そこには「9月14日のある事件」が書かれていた。

この日、9・11事件後初めてブッシュ大統領は英国首相トニー・ブレアと電話で会談した。「ブッシュは、イラクを直ちに叩くとブレアに説明した。ブレアはひどく驚いていた。ブレアは9・11事件とイラクの関わりを示す証拠を求めた。しかし、そんなものはなかった。イラクは無関係であることは英国情報部も知っていた」

このメモからもわかるように、9・11事件は、イラク侵攻を正当化するために、米国が「企画」した事件だったのではないかと疑われている。

9月18日のメモも面白い。この日、サウジアラビア大使バンダル・ビン・サルタンがホワイトハウスを訪問した。会談の場所はトルーマン・バルコニーだった。そこにはディック・チェイニー副大統領、コンドリーザ・ライス国家安全保障問題担当大統領補佐官も同席した。

「大統領は、この事件の背後にはイラクがいると確信していた。バンダルはこれに驚き、サウジアラビアは、オサマ・ビン・ラディンとイラクが共謀しているという情報は持っていない、と語った」

「会談を終えたバンダルは私に、プライベートにだが『サウジアラビアはブッシュの思い込みを憂慮している。米国がイラクを叩けば裨益するのはイランである。その結果中東の安定は破壊される』と語った」

コンドリーザ・ライス

バンダル・ビン・サルタン

「戦争を避けるトランプ」を嫌うネオコン

ブッシュ政権の意を受けた米国主要メディアは、一斉にイラク批判を開始した。そして、イラクは大量破壊兵器そして生物化学兵器を開発しているとするプロパガンダを開始した。それは他国を巻き込んだプロパガンダ外交であった。

その典型的事件が、当時の国務長官コリン・パウエルの国連でのスピーチだった。彼は、イラクが大量破壊兵器開発の確実な証拠を持っていると大見得を切った（２００３年2月5日）。そして翌3月にはイラク侵攻が始まった。

しかし後に、国連演説原稿を準備したのがディック・チェイニー副大統領のスタッフであり、内容も嘘であったことを知ったパウエルは、それを死ぬまで後悔した（２０２１年10月死去）。チェイニーは、とにかく「イラクは大量破壊兵器を保持している」の一点張りであった。ブッシュは中東外交ではお飾りで、チェイニーの意向が政権を支配した。

イラク侵攻の首謀者はネオコンの巨魁チェイニー副大統領だったのである。その娘が、リズ・チェイニーだった。

戦争大好きのネオコン勢力にとって、世界の安定を求め、戦争を避けようとするドナルド・トランプを嫌うのは当然であった。トランプは、新たな戦争を一つも起こさなかった稀有な大統領である。就任前から始まっていた紛争地域から米軍の撤退、縮小を進めていた。紛争地から次々に海兵隊員らが帰国したのはトランプ政権のときであった。

ＦＢＩによる煽動

２０２０年大統領選挙はありとあらゆる不正が行われた、と述べた。明らかな不正行為があるなかで、各州に集票のやり直しを求めて差し戻す権限が与えられていたのが副大統領のマイク・ペンスだった。しかし、彼はそれをしなかった。

多くのトランプ支持者が、2021年1月6日、ワシントン議会前に集まって、ペンス副大統領の英断を期待した。トランプ大統領も不正選挙をベースにした選挙結果が承認されることがあってはならないと訴えた。

ここで動いたのが、議会周辺に集まっていたトランプ支持者を煽動する目的で潜入していたFBI（連邦捜査局）工作員だった。複数のFBIの工作員が、トランプ支持者に扮してタイミングを見ながら議会内に入れと群衆を煽動した。

正確に理解するために、簡単に事件の時系列を書いておく。

2021年1月6日（水曜日）は、前年11月選挙の結果、各州からの選挙人数の報告があり、それをワシントン議会が最終承認する日であった。しかし、余りの選挙不正疑惑が噴出し、トランプおよびその支持者は副大統領に法的に認められた権限を行使し、州が報告した選挙人獲得数の承認拒否、そして選挙不正疑惑州議会への差し戻しを求めていた。副大統領マイク・ペンスが、その権限を行使するか否かがこの日の議会最大のイベントだった。

1月6日

12：00　トランプ演説始まる。法に則って各州への差し戻しをすべきだ、と訴えた。「マイク・ペンス君、君は憲法に則った権限に則った行動を取って欲しい。それがわが国のためでもある。そうしないのであれば君に失望せざるを得ない」
しかしペンスは、副大統領に与えられた最終承認手続き権限は「あくまでセレモニー（largely ceremonial）にすぎない」と語り、法秩序維持の最後の砦（各州の選挙開票結果に疑念があった場合の措置：州議会への差し戻し）を守ろうとしなかった。

午後１：00　トランプ支持者の一部がワシントン議会周辺に移動。一部がバリケード内部に侵入。

午後１：05　下院議長ナンシー・ペロシが上下院合同会議を正式に開催。トランプ大統領はホワイトハウスに引き返す。
アリゾナ州下院議員ポール・ゴーサー、テキサス州上院議員テッド・クルーズが、選挙不正濃厚の州については、選挙人確定のための再手続きを求めて州に差し戻すべきと主張。この結果、上下院個別にこの議案の検討に入る。

午後1：30　トランプ支持者の一部による議会内部への侵入始まる。
午後2：20　上下院審議中断を決める。
午後3：36　トランプ大統領、ナショナルガードの出動決定。
午後6：00頃　議会内部から侵入者排除、ワシントンDC市長ムリエル・バウサー12時間の戒厳令施行。
午後8：00　マイク・ペンス副大統領、侵入事件を強く批難した後、上院審議再開。
午後9：00　ナンシー・ペロシ、下院審議再開。
午後11：32　上下院合同議会再開。

1月7日
午前3：42　バイデンへの選挙人数が過半数を超えたことを正式承認。

議会内に侵入した者たちには常軌を逸した刑が待っていた。ワシントンDCは民主党の町である。ワシントンDCの連邦裁判所でフェアな裁判を受けることは不可能である。司法省は考えられるほぼ全ての罪状を使い侵入者を起訴し、厳刑を課すことで知られた判事に裁判が任さ

AO 91 (Rev. 11/11) Criminal Complaint

UNITED STATES DISTRICT COURT
for the
District of Columbia

United States of America
v.
Joseph W. Fischer
DOB: XXXXXX

Case: 1:21-mj-00237
Assigned to: Judge Harvey, G. Michael
Assign Date: 2/17/2021
Description: COMPLAINT W/ARREST WARRANT

Defendant(s)

CRIMINAL COMPLAINT

I, the complainant in this case, state that the following is true to the best of my knowledge and belief.
On or about the date(s) of January 6, 2021 in the county of ______ in the ______ in the District of Columbia , the defendant(s) violated:

Code Section *Offense Description*

18 U.S.C. § 231(a)(3) - Obstruction of Law Enforcement During Civil Disorder,
18 U.S.C. § 1752(a)(1) and (a)(2) - Knowingly Entering or Remaining in any Restricted Building or Grounds Without Lawful Authority,
40 U.S.C. § 5104(e)(2)(D) and (G) - Violent Entry and Disorderly Conduct on Capitol Grounds,
18 U.S.C. § 1512(c)(2) - Obstruction of Justice/Congress.

１月６日事件の訴状

れた。

1月6日、ワシントン議会侵入事件で警官を含めてセキュリティ担当者に死者は出ていない。大手メディアは死者が出たと騒いでいたが、死因は心臓麻痺あるいは事件後のトラウマによる自殺だった。侵入事件と無関係の死だったが、事件を「トランプが煽った国家反逆罪」とのイメージを作り上げたい民主党そしてメディアには好都合だった。「1月6日事件では死者が出た。責任は暴動を煽ったトランプにある」とするストーリーを既成事実化していった。

司法省が適用したのは公務執行妨害であった。すべての行為をこの罪状でほぼ一くくりにして裁き、通常では考えられない厳しい刑を、議会侵入者あるいは近隣にいただけの者に課した。ここに、ある人物（Joseph W. Fischer）に対する起訴状（２０２１年２月17日付）を示した。罪状が公務執行妨害だったことがわかる。

幸いに、米国に残る数少ない良心の砦が最高裁である。２０２４年６月28日、法（公務執行妨害罪）の適用範囲が広すぎると判断した。その結果、全員ではないが、１月６日事件で刑に服しているもののほとんどが釈放となった（２０２４年６月28日付『ロサンゼルス・タイムズ』）[*7]。このときには、およそ１０００人が逮捕され５００人が有罪となっていた。民主党による司法の武器化の象徴であったが、最高裁が、ようやくまともな判断をしたのである。

現場で議会内侵入を扇動したキーマンがいた。レイ・エップスである。この人物が、ＦＢＩの工作員であることは早い段階から疑われていた。疑っていた一人は、読者もよく知る保守系政治コメンテーターのタッカー・カールソンである。もちろん、主要メディアは「陰謀論」というプロパガンダ用語を連発して、カールソンを貶め、エップスのＦＢＩ工作員疑惑を否定した。

彼がトランプ支持者を煽動していたことは明らかで、その煽動行為ははっきりと映像に残っていた。彼の煽り行為はＸに投稿された画像が示している。ＪＵＬＩＡという人物はその映像

Xに投稿されたエップスの煽動行為を示す写真＊８

とともに次のように書いている（２０２２年12月30日）。

「１月６日問題調査委員会（この委員会については後述）は、８４５頁の最終報告書を公表した。しかしエップスの存在に一言も触れていない。エップスは、『俺は群衆の先頭集団にいて、奴らを煽動したんだ』と、甥っ子に、テキストメッセージを送っていた。あるインタビューに応えて自身で語っていた。報告書はなぜ彼について触れていないのか」


大手メディアは、映像が残っているにもかかわらず、彼をＦＢＩ工作員と疑うことは「陰謀論」であると言い続けた。しかし、さすがの司法省（ＦＢＩ）も映像の存在がある以上放置できず、彼を起訴した。だが、ＺＯＯＭによる「出廷」を許し、軽い罪状での有罪でお茶を濁した。彼についた弁護士もＦＢＩ関係者だった。

「驚き、驚き。レイ・エップスについた弁護士はＦＢＩ

エージェント歴が9年間もある人物だった」（2023年1月3日付『ワシントン・スタンダード』）[*9]

*1　One-in-Five Mail-In Voters Admit They Cheated in 2020 Election - Rasmussen Reports®

*2、3、4　Recordnet.com
https://www.recordnet.com/story/news/2002/01/26/scrap-metal-sold-to-china/50764426007/

*5　https://www.benthamopen.com/contents/pdf/TOCPJ/TOCPJ-2-7.pdf

*6　https://engineer-education.com/steel_heat-treatment/

*7　https://www.latimes.com/world-nation/story/2024-06-28/supreme-court-rejects-obstruction-charges-for-hundreds-of-jan-6-rioters

*8　https://x.com/Jules31415/status/1608936009475174400?ref_src=twsrc^tfw|twcamp^tweetembed|twterm^1608936009475174400|twgr^826e86b5b6c45718c831970d173bff9022274ac7|twcon^s1_&ref_url=https%3A%2F%2Fthewashingtonstandard.com%2Fsurprise-surprise-surprise-9-year-veteran-fbi-agent-is-insurrectionist-ray-epps-attorney%2F

*9　https://thewashingtonstandard.com/surprise-surprise-surprise-9-year-veteran-fbi-agent-is-insurrectionist-ray-epps-attorney/

第2節　1・6事件調査委員会

未必の故意を演出する故意

民主党、そして司法を武器化する司法省は、ＦＢＩを手駒としてトランプを国家反逆罪に陥れる計画を立てていた。そう言い切ってもよいほどに彼らの悪行を示す状況証拠は揃っている。民主党は、トランプには選挙では勝てないことを知っていた。

２０２０年選挙では、郵便投票・外部操作可能な集票機器・民主党にバイアスのかかった集票監視員の大量動員・選挙不正行為の司法による放置などあらゆる手段を使ってバイデンを勝利させた。

まともな選挙では勝てないことを知っている民主党は、２０２４年にトランプを出馬させてはならないと考えた。彼らは1月6日に行われた不正選挙に対する抗議活動を逆利用すると決めた。

トランプ支持者を扇動し、議会侵入行為を誘発する。そして、そうした犯罪行為を煽った張本人がトランプであり、彼を国家反逆罪で有罪にする。そうすることで２０２４年大統領選挙に立候補させない。これが「ヤクザ」顔負けの民主党の戦略であった。その工作に共和党ＲＩＮＯの政治家が加担した。

ワシントン議会侵入事件は、それを未必の故意として、いやむしろ未必の故意を演出する故意（つまり悪意）によって創作された事件であったことは、事件後に明らかになった記録や証言で疑いの余地はない。

ベニー・トンプソン

トランプを国家反逆罪で有罪にしようとナンシー・ペロシ下院議長が1月6日、事件調査委員会を立ち上げた。委員長には黒人民主党下院議員ベニー・トンプソン（ミシシッピ州）がついた。大のトランプ嫌いであり、後に前大統領となったトランプから、セキュリティサービス保護特権を剝奪（はくだつ）する法案を下院に提出した。

下院共和党リーダー、ケヴィン・マッカーシーは5人の共和党議員を委員に推薦した。ペロシ議長は、そのうちの2人を拒否した。ジム・ジョーダン議員（オハイオ州）とジム・バンクス議員（インディアナ州）である。アメリカ議会政治史上、こんな事態は初めてだった。これに憤ったマッカーシーは推薦した議員全員をリストから外し、推薦委員名簿の提出を拒否した。

するとペロシは待っていたかのように、ＲＩＮＯで知られていた２人の共和党議員を調査委員に任命した。リズ・チェイニー議員（ワイオミング州）とアダム・キンジンガー議員（イリノイ州）である。これで真の意味での超党派調査委員会の建前が崩れた。

リズ・チェイニーは父がせっかく実現したイラク戦争をトランプに否定されるのが許せなかった。復讐のチャンスが到来した。リズは副委員長に就任した。

ペロシがこれまでの議会プロトコール（運営手続き）を無視してまで、共和党が推薦した議員を拒否したのには理由があった。民主党は、自らが任命した１月６日事件調査委員会の委員が、当のその委員会で証人喚問されることを恐れていたのである。言うまでもなく、ペロシ議長ら民主党幹部の狙いは、トランプを国家反逆罪で有罪にし、２０２４年選挙に立候補させないことにあった。

トランプ大統領が、１月６日のスピーチで、マイク・ペンス副大統領に要求したことは不法行為ではなかった。その要求を担保する法律的根拠があったのである。実は、委員長に選出されたベニー・トンプソンも子ブッシュ当選時に同じロジックでその当選に疑義を訴えていた。また民主党委員の一人であるジェミー・ラスキン議員（メリーランド州）も、２０１６年選挙でのトランプ当選を同じ根拠で無効にしようとしていた。共和党はこの２人の証人喚問を要求することが確実だった。

民主党の委員長や委員が、トランプの主張と同様の訴えをしていたことが国民にばれたら、同委員会の面子は丸潰れとなる。ペロシは、トンプソン委員長、ラスキン委員の証人喚問を要求する可能性のある共和党議員を委員にしたくなかったのである。

民主党は、トランプの主張そのものに違法性がないことを知っていた。したがって彼らにできることは、トランプ自身が、議会侵入を支持者に対して煽ったことを挙証しなくてはならなかった。

１月６日事件調査委員会の最終報告書

筆者はトランプスピーチをリアルタイムで聞いていた。そこに議会侵入を煽るような言葉が一つもなかったことを知っている。当時大統領であった彼が、タイムリーにナショナルガードを投入して事件をたちまち沈静化させたことは既に書いた。

Ｘに投稿された議会内の映像

民主党議員及び反トランプのＲＩＮＯ共和党議員によって構成された１月６日事件調査委員会が最終報告書を提出したのは、２０２２年12月22日のことであった。

この最終報告書が、米国民に与えるインパクトはほとんどなかった。２０２１年９月には、暴力を使って強引に侵入したとされる「暴徒」の監視カメラが捉えた映像が公開されていた。「暴徒」の議会内の振る舞いは、物珍し気に議会の内部を見学する学びの高校生の集団のようであった。

議会警備の警官が、暴徒と親し気な様子で言葉を交わし、彼らを案内でもしているかのような様子も映っていた。国家反逆罪で大量に逮捕された「暴徒」のイメージとはほど遠かった。さらには、議会警備担当最高責任者であるペロシ議長が、議会周辺の警備体制を故意に手薄にさせていた疑惑も持ち上がっていた。

そんな状況だけに、米国民は1月6日事件調査委員会の報告書に関心を示すはずもなかった。共和党支持者は、反トランプ議員だけで構成された委員会で、滔々（とうとう）と反トランプのでたらめ主張を繰り返すリズ・チェイニー副委員長への反感を高めていった。

最終報告書の出るひと月前の2022年11月、中間選挙があった。調査委員会副委員長についていたリズ・チェイニーは、出身州ワイオミングの共和党支持者から総スカンを食っていた。1月6日事件をすべてトランプの責任に帰すことが無理筋であることを支持者は知っていた。

ワイオミング州共和党は2年ごとに改選される下院議員候補に彼女を指名することを拒否したのである。民主党ナンシー・ペロシ議長に指名されて嬉々として反トランプ運動に加わるリズ・チェイニーに対して彼女の行為はワイオミング州共和党の意志を反映していないと激しく反発した。

2022年8月16日に行われた共和党予備選で、リズは、トランプが推す候補ハリエット・ヘイグマンに大差（66％対29％）で敗れていた。チェイニー陣営は民主党支持者に対して支持を呼びかけ、民主党員として登録させる禁じ手を打った。にわか共和党員に彼女に投票させようとした。

なぜか民主党推しの『読売新聞』は次のように書いている（２０２２年８月18日付）。

「民主党や無党派層でもチェイニー氏を後押しするため、自らを共和党と登録して予備選に投票する動きが広がった。米紙『ニューヨーク・タイムズ』によると、７月から約１か月半で共和党の登録者は約１万５０００人増え、民主党の登録者は約７０００人減少した。シャイアン在住の女性（30）もその一人。『チェイニー氏の全てに賛同するわけではないが、議会占拠事件を大したことではないと棚上げしようとする政治家には反対だ』と語った」（傍線筆者）

反トランプ派、つまり民主党が何としてでも１月６日事件をトランプの責任にしたいこと、しかしそれが国民に支持されていないことに対して苛立っていることがよくわかる記述である。

１月６日事件調査委員会にもう１人、ペロシ議長から指名された議員がいた。アダム・キンジンガーである。彼の物言いは従前から民主党員の言葉かと思えるほどで、典型的ＲＩＮＯだった。彼は、その結果共和党員の支持を急速に失い、２０２２年中間選挙から早々に脱落し、予備選にも出馬できなかった（非出馬声明：２０２１年10月）。

第3節
共和党はトランプ党に変貌
その1：RINO議員の排除

共和党のユダたち

前節で書いた2人のRINOの失脚は、民主党と二人三脚でネオコン外交つまり米国一極主義外交を進めてきた共和党が、アメリカ中心主義を掲げるトランプ思想の党に変わり始めたことを象徴する事件だった。

民主党は、2022年中間選挙前は多数派だった。反トランプの急先鋒ナンシー・ペロシ議長はその職権を濫用してあらゆる手段でトランプの2024年復活阻止を図った。その1つが1月6日事件調査委員会発足であったことは言うまでもない。

彼女は、繰り返しトランプ弾劾決議を促した。弾劾決議は下院では過半数で採択できるが、弾劾が成立するには上院で3分の2の賛成を得なくてはならない。したがって下院でいくら可決しようが上院で承認される見込みはないが、世論対策にはなる。

１月６日事件を煽動したと難癖をつける下院がトランプ弾劾を決議したのは、２０２１年１月13日のことである。国家に対する反逆であるという「罪状」は重いが、司法の世界では訴える側には挙証責任がある。それに鑑みればとても通用しない主張だった。それでもペロシ議長は議決を強行した。

賛成２３２、反対１９７で可決された。２３２には、全民主党議員票に10の共和党賛成票が上乗せされていた。つまり共和党の10人の議員が造反し、トランプ弾劾に賛成したのである。彼らは自らがＲＩＮＯであることを行動で示した。この弾劾決議が上院で３分の２の賛成票が取れるはずもなかった。

共和党の「ユダ」10人をここに示した。前節で書いた２人もいた。

〈２０２２年中間選挙〉

Liz Cheney R-Wyo.　共和党予備選敗退

Anthony Gonzalez R-Ohio　政界引退

Jaime Herrera Beutler R-Wash.　共和党予備選敗退

John Katko R-N.Y.	政界引退
Adam Kinzinger R-Ill.	政界引退
Peter Meijer R-Mich.	共和党予備選敗退
Dan Newhouse R-Wash.	再選
Tom Rice R-S.C.	共和党予備選敗退
Fred Upton R-Mich.	政界引退
David Valadao R-Calif.	再選

この10人の中で大物はリズ・チェイニーだけである。彼女は下院共和党ナンバー3の地位にいた。そのほかの9人はいわば小物であった。

２０２２年11月中間選挙では、共和党風が吹くと予想されていた。しかし予想に反して大きな風は吹かなかった。上院は、２年ごとにその３の１が改選である。この中間選挙では、民主党議員の改選数が少なかったこともあって、共和党にはもともと不利な情勢であり結局、過半数を制することはできなかった（民主51、共和49）。しかし幸いに下院は共和２２２、民主２１３で共和党がかろうじて多数派となった。

salon

SUBSCRIBE

Kevin McCarthy's strange real estate saga: A luxury condo in D.C. and a tract house in California

McCarthy said he'd bet his house the GOP wins next year. But where does he live — and who's paying for it?

By ZACHARY PETRIZZO

PUBLISHED MAY 17, 2021 6:00AM (EDT)

『サロン』2021年５月21日付

その結果、議長職を共和党が奪い返した。議長に就任したのはケヴィン・マッカーシーだった。２０１８年の中間選挙で野党に転落した共和党は、マッカーシーを院内総務（下院野党ナンバー１の地位）に選出した。親トランプ派であったジム・ジョーダン議員を１５９対43で破っての就任だった。しかし彼は従前から隠れＲＩＮＯではないかと疑われていた。グローバリスト・ネオコン勢力との裏の関係が噂されていた。

　カリフォルニア州出身のマッカーシーだが、彼は少なくとも公表されている情報から判断すると裕福ではない。

『サロン』誌（2021年5月17日付）によれば、彼の邸はカリフォルニア州内陸の町ベーカーズフィールドにあり、1571平方フィート（44坪）のこじんまりした中産階級の家である。2019年時点での市場価格はおよそ30万ドルだからごく普通の家だ。

2016年、『ロサンゼルス・タイムズ』は、マッカーシーの資産を報道している。[*1] 資産と借金を相殺した純資産はわずか8万ドルにすぎなかった。

そんなマッカーシーが、ワシントンDCでは、とんでもない高級マンションに暮らしていると報じられた。2021年5月、保守系ジャーナリストで、FOXニュースでアンカーを務めていたタッカー・カールソンが明かしたのである。

「週末あるタレコミがあった。『フランク・ルンツとケヴィン・マッカーシーは単なる友人以上の関係で、2人は同じ家に住んでいる』というものであった」

カールソンのこの報道をリアルタイムで筆者は聞いていたが、彼は「噂を聞かされた時には、そんなことはあり得ない、と思った」と驚いたことを明かしていた。しかし、実際に調査するとそれが事実だったことが判明した。

確かに、マッカーシーは、ルンツの所有する7000平方フィート（197坪）のマンション（高級集合住宅）に同居していた。24時間コンシエルジュサービス、屋上プール、フィット

Reuters

World　US Election　Business　Markets　Sustainability　Legal　More

Exclusive: Harris leads Trump 44% to 42% in US presidential race, Reuters/Ipsos poll finds

By Jason Lange

July 27, 2024 1:53 AM GMT+9 · Updated 4 months ago

Aa

ロイター、2024年７月27日付

ネスセンター、ビジネスセンターなどの豪華設備と丁寧なサービスがある。それだけに個々の所有者の負担する管理費用は月額４９７６ドルにも上る。[*2]ホワイトハウスには車で８分、歩いても20分強の距離にある。ワシントンDCでも屈指の最高級住宅街（Clara Barton）の物件である。

　真の友人であればその家に居候もあり得るし、とりわけ問題視されることはない。しかし、問題はオーナーであるフランク・ルンツの素行だった。ルンツは、ワシントン界隈では悪名高い「世論創作調査」のプロとして知られていた。タッカー・カールソンが

「そんなことはあり得ない、と思った」のはこれが理由だった。

「世論創作調査」といっても読者の多くはピンとこないはずである。

要するに調査依頼主（スポンサー）が求めている「世論調査」をスポンサーの嗜好に合わせて結果を操作し、まるで見栄えのよい「料理」のように提供するのである。

後述するが、2024年7月21日、バイデン大統領は大統領選挙からの撤退声明を出した。そして副大統領のカマラ・ハリスを後継にしたいと語った。この直後に行われた世論調査で突然に、とんでもなく高い彼女の支持率が発表された。中にはトランプを逆転したという世論調査も出た。その一つが2024年7月23日に発表されたロイター・Ipsos調査だった。

この会社の調査は常に民主党有利にバイアスがかかっていることが経験上、わかっている。そのバイアスは4％から5％もあると推定されている。こうしたバイアスは、この会社の過去の予測と、実際の投票結果との差でわかる。

そんな世論調査会社が、なんの実績も挙げていない、カマラ・ハリスがトランプを44％対42％で逆転したと報じたのである。[*3] 国境を解放し、不法移民を激増させ米国内治混乱を招いた元凶は、国境管理の最高責任者に任命されていたハリスだった。そんな無責任な彼女は、米国史上最低の副大統領だと言われていたのである。

ロイター・Ipsosのでたらめテクニックを指摘

筆者のように日々米国の政治情勢に気を配っている者からすれば、ハリス人気がトランプに拮抗することはあり得ないとすぐにわかる。ましてやトランプ人気を上回ることなどあり得ない。

しかし世論調査は、一般大衆を惑わすにはそれなりの効果がある。日本のメディアも早速「ハリス逆転」を報じた。ヤフーニュース（7月24日付）は「ハリス氏、支持率でトランプ氏を2％ポイントリード」と見出しをつけた。*4

この調査に異議を唱えたのがラスムーセンだった。ラスムーセンは言うまでもなく老舗の世論調査専門会社である。掲載した意見記事のなかで、「ハリス支持率トランプを上回る？　そんなことはあり得ません」と見出しを付けてロイター・Ipsos 調査を批判した。*5

同記事を執筆したブライアン・ジューンデフは、ロイター・Ipsos 調査手法のでたらめテクニックをはっきりと指摘した。一般的に言って、調査結果はサンプルの取り方で大きく変わる。ジューンデフはロイター・Ipsos 調査のサンプル抽出方法に注目した。

サンプルは、民主党、共和党両党の登録者と無党派層となっていた。ラスムーセンは、登録者をサンプルとはしない。登録者でありかつ投票に行くという層（likely voters）をサンプルにする。経験上そのほうがが正確に予測ができるからである。党員登録者には投票しない層も多くいるだけに、現実の世論を測るには適さない。確実に投票するという層の方が現実を予測するには適していることが経験上わかっている。

ロイター・Ipsos 調査ではサンプルの取り方も公平ではなかった。サンプルは、426が民主党登録者、376が共和党登録者、無党派は341となっていた。民主党登録者のサンプル数が共和党のそれに対して極端に多いのである。ロイター・Ipsos 調査が統計的補正をかけているのかいないのか、かけているとしたらどんな係数をつかっているのかなどはわからない。

要するにロイター・Ipsos による世論調査の信用度は低いのである。しかし、報道してしまえば、その数字（ハリスがトランプを2%リード）が独り歩きする。接戦ムードを創造したい民主党にとっては好都合だった。接戦との空気ができれば、2020年のような不正選挙を繰り返しても目立たない。

「ルンツの仕事は『いかさま』」

話はそれたが、世論調査は、本来科学（統計学）に基づいた恣意性を排除した社会科学であった。世論調査会社にはそれなりに世の中の真の動向を探るプロとしての誇りがあった。いまそれがあたかもサービス業であるかのような変質を遂げている。スポンサーの願い通りの結果を平気で「科学的・統計的」手法を使って提供してくれるのである。

フランク・ルンツ（左）とケヴィン・マッカーシー

　そんな恣意的な世論調査を得意としていたのが、ケヴィン・マッカーシーが友人と呼び、高級マンションに同居する男フランク・ルンツだったのである。

　ルンツは、１９６２年生まれのユダヤ人である。ペンシルバニア大学、オックスフォード大学を卒業している。世論調査の専門会社を立ち上げ、マッカーシーを自邸に同居させていた時期には共和党の世論調査を請け負っていた。

ルンツは、調査サンプルを「いじる」ことで悪名高かった。『サロン』(Salon) 誌は「フランク・ルンツの元従業員、ルンツの仕事は『いかさま』と糾弾」と報じている(2021年5月21日付)[*6]。

ルンツを批判したのはルンツの運営するルンツ・リサーチ会社上級副社長だったクリス・イングラムである。イングラムは1997年から2000年代初めまで同社に勤務し、ルンツの手法をよく知っていた。ルンツは、クライアントが喜ぶ調査結果を出すことを会社の目標としていた。

偏りのないデータを取り、それを統計的手法により恣意性を排除して調査を進めるのが調査会社の倫理である。1997年、そうした倫理を蔑ろにした世論調査を実施しているとルンツを訴えたのが、アメリカ世論調査協会 (the American Association for Public Opinion Reseach) だった。14カ月の調査を踏まえて「ルンツの手法は同協会の倫理規定に違反している」と警告した[*7]。

そんなルンツに、当時の共和党全国委員会は世論調査を任せていたのである。マッカーシーを自邸に同居させていたのは、それに対する「お礼」だったのかもしれない。

史上初めて身内の造反で議長の座を追われたマッカーシー

第１１８議会は１月４日に開催され、直ちに議長選出手続きに入った。議席数は下院は共和２２２、民主２１２であるから、本来であれば共和党下院ナンバー１の地位にいるマッカーシーがすんなりと議長に選出されるはずであった。しかし、「マッカーシーは、民主党に裏で通じているＲＩＮＯである」とする一群の親トランプ派の議員が、彼の議長就任に反対した。

マット・ゲイツ

19人の共和党議員がマッカーシーの議長就任にＮＯを突きつけた。１９２３年以来の椿事だった。第２回投票でも同じく19人が、第３回投票では１人増え20人が反対した。１月６日には14回目の採決があったが、それでもマッカーシー賛成票は、過半数を超えなかった。

反対派20人への切り崩しは簡単ではなかった。反対派の中心人物はフロリダ州選出のマット・ゲイツ議員だった。彼らは、民主党グローバリスト政治家と「なあなあ」政治を進めてきた共和党主流派に辟易していた。２００９年以来、共和党の下院指導者であったマッカーシーだったが、彼は戦わない共和党エスタブリッシュメントの象徴だった。20人の造反には、確固たる理由があった。

マッカーシーが、ようやく賛成多数で下院議長に選出されたのは第15回目の投票だった。最後まで反対したグループが賛成に回ったのは、彼らが要求していた条件をマッカーシーが呑んだからだった。反マッカーシーグループが出した条件は実に真っ当なものであった。いくつかあるが重要な点だけに絞る。

第１に、予算審議においてはオムニバス予算とせず予算項目別に審議すべきことを約束させた。オムニバス予算とは、いろいろな項目の予算を一つの予算案にして上程することである。たとえば民主党はかつてコロナ対策予算を議決したが、その予算の中に、コロナ対策とは無関係の予算を押し込んでいた。民主党支持団体にコロナ禍を利用して予算付けをしていた。そのためコロナ対策を急がなくてはならないプレッシャーの中で、意味のない無駄な予算を削るという審議時間がなくなった。オムニバス予算案は、大盤振る舞いを好み、政府組織の肥大化を狙う民主党の姑息な手段となっていた。

What's Good, Bad, and OK in the Omnibus Bill

Feb 14, 2019　8 min read

Commentary By

Justin Bogie
@JustinBogie
Former Senior Policy Analyst in Fiscal Affairs

David Inserra
Former Policy Analyst for Homeland Security and Cyber Policy

Rachel Greszler
Senior Research Fellow, Roe Institute

Congress is back at it with a last-minute, massive spending bill that no one will have time to read.

オムニバス予算案をめぐる記事、ヘリテージ財団ホームページより

第２は、政府組織を、政治の武器にさせないことを目的とした特別小委員会の設置だった。民主党は司法省傘下のＦＢＩなどを利用し、政敵とりわけトランプ大統領に対して、常識では考えられない起訴を連発していた。司法の武器化は米国の政治をひどく歪めるだけに、マッカーシーには、その是正を図ることを承知させた。

第３に、予算審議には十分な審議時間を取ることを約束させた。民主党が与党時代には、提出された予算案を読む暇もなく採決されていた。数千頁もある予算案をまともに検討する時間は議員に与えられていなかった。

第４に、議長不信任案はたった１人であ

っても議案提出できることも認めさせた。これは、マッカーシーが、親トランプ派との約束を守らなかった場合に備えての担保だった。他にもいくつかあるが、割愛する。

いずれにしても、トランプ派議員は、野放図な政府組織の肥大化の防止、不合理で公務員を太った「豚」のようにしてしまう浪費的予算付けの防止、均衡財政実現の努力などをマッカーシーに約束させた。その結果、彼はようやく議長に就任することができた。いかにマッカーシーのＲＩＮＯぶりが嫌われ、そして警戒されていたかがよくわかる。

ケン・バック

しかしマッカーシーは、この約束を守らなかった。マッカーシーは２０２４年度予算案可決を民主党と密室で協議した。これに、野放図な政府予算の大盤振る舞いの是正を求めてきた議員、つまり親トランプ派議員８人が反発した。議長解任不信任案はマット・ゲイツ議員が出した。彼らの憤りは、解任案に賛成した８人のうちの１人、ケン・バック議員（コロラド州）の言葉でよくわかる（ＡＰ、２０２３年10月３日付）[*8]。

「我が国はいま33兆ドルの累積赤字を抱えている。２０３０年までには50兆ドルに膨らむ。いつまでもオムニバス予算や特別議決などの姑息な手法で予算を通していたら、責任ある予算組みなどできるはずがない。この国を何としても救わなくてはならない」

解任決議案を提出したマット・ゲイツ議員の言葉は強烈だった。

「マッカーシーはワシントンのドブ（swamp）に生息する生き物だ。特定の利益団体から献金を受け、支援者には予算で還元する。そんなやり方で権力を摑んだ。我々は、まともな議長を選ぶときにきた」[*9]

マイク・ジョンソン

こうしてＲＩＮＯ政治家ケヴィン・マッカーシーは、史上初めて身内議員の造反により議長の座を追われた。替わって議長についたのがマイク・ジョンソン（ルイジアナ州）である。

次第にワシントン議会からＲＩＮＯ議員、つまり反トランプ議員の力が削がれていった。ケヴィン・マッカーシー下院議長排除の立役者であるマット・ゲイツ議員は第２次トランプ政権では司法長官に指名された。マッカーシー排除に見せた気骨ある振る舞いをトランプが高く評価していたことを示した人事であった。

指名を受けたゲイツは、2024年11月21日頃、共和党上院幹部と協議した。その結果、4人のRINO上院議員が彼の指名に強硬に反対するのが確実であることがわかった。次の4人の上院議員である。

ミッチ・マコーネル（ケンタッキー州）
リーサ・マーカウスコー（アラスカ州）
スーザン・コリンズ（メイン州）
マークウェイン・マリーン（オクラホマ州）

この4人以外の造反の可能性もあった。共和党上院議員幹部連中との会談を終えたゲイツ議員は、間髪を入れず指名辞退を表明した。新政権へのスムーズな以降の障害になりたくない、が辞退の理由だが、どうも誰が本物のRINOであり、トランプ改革に抵抗する議員であるかの炙り出し作戦だった可能性が高い。彼は指名に伴い、再選されたばかりの下院議員の職を辞していた。トランプは、上院の承認が不要な政府の要職にゲイツを任命するに違いない。

ゲイツに替えてトランプが指名した人物は、パム・ボンディである。初めての女性フロリダ州司法長官だった彼女は、２０１６年にトランプが忽然と共和党大統領候補の座を射止めた時期からのトランプサポーターである。数々のヒラリー・クリントンの違法行為を見た彼女は、「ヒラリーを牢屋にぶち込め」とまで言い放った闘士である。トランプに対するでたらめな訴訟を繰り返してきた司法省に対して、司法の武器化だとして厳しく批判してきた人物であった。

ゲイツの辞退を受けて、トランプがすぐさまボンディを指名した手際の良さに、ゲイツ指名、辞退、そしてボンディ指名までの一連の動きはトランプの「計画通り」だったのではないかと噂される。反トランプのＲＩＮＯ、そして民主党にとってはゲイツ以上に手ごわい女性闘士を舞台に上げてしまったことになる。

彼女の上院の承認まではまだまだ紆余曲折が想像されるが、上院に巣食うＲＩＮＯたちがどこまで抵抗を続けるのか。今後の展開に目が離せない。

＊1　https://www.latimes.com/projects/how-much-are-they-worth/kevin-mccarthy/

＊2　https://www.salon.com/2021/05/17/kevin-mccarthys-strange-real-estate-saga-a-luxury-condo-in-dc-and-a-tract-house-in-california/

＊3　https://www.reuters.com/world/us/harris-leads-trump-44-42-us-presidential-race-reutersipsos-poll-finds-2024-07-23/

＊4　https://news.yahoo.co.jp/articles/9d3b19dbeacb1710f212ec60ed834cf54d7cdbd

＊5　https://www.rasmussenreports.com/public_content/political_commentary/commentary_by_brian_joondeph/harris_polling_better_than_trump_fat_chance

＊6〜7　https://www.salon.com/2021/05/21/former-employees-of-famed-gop-pollster-frank-luntz-say-his-work-is-a-scam/

＊8〜9　https://apnews.com/article/kevin-mccarthy-republican-lawmakers-house-opponents-33c7d984964916f29d548b5b1dfe508b

第４節　共和党はトランプ党に変貌
その２：共和党全国委員会委員長交代

マコーネルの背後に軍産複合体

前節では、ワシントン議会下院における反トランプ派ＲＩＮＯ議員が次々にその化けの皮を剝がされ、最後は排除されていったことを書いた。残念ながら上院に蔓延るＲＩＮＯ議員、あるいはネオコン議員はまだしぶとく生息している。任期が6年であることが、新陳代謝が遅れる理由である。

院内総務のミッチ・マコーネルは82歳（２０２４年時点）の高齢で、スピーチ中突然に声を詰まらせる発作を起こしたりしているが、しぶとく上院のトップに君臨している。ただ２０２４年2月には年度中に院内総務退任を口にした。

マコーネルのトランプ嫌いは目に余る。旧来型の共和党主流派エスタブリッシュメントで、トランプが進めるビジネス的手法による改革が気に入らない。トランプに対する民主党の司法を武器にした非常識で非道な攻撃に対しても、抵抗することもなく、トランプを支える姿勢が全く見えない。

共和党上院には、戦争大好きのネオコン議員も多い。その典型がリンゼイ・グラム議員（サウスカロライナ州）である。彼はウクライナ支援継続の最右翼であり、イスラエルのガザにおけるジェノサイドなど気にしない。

リンゼイ・グラム

イスラエル・ハマス戦争では「背後にいるイランを叩け」、つまり「対イラン戦争を始めよ」とはやし立てる。彼の背後には強力な軍産複合体ロビーがいる。融和外交を目指すトランプ大統領を嫌いなはずだが、表面上は親しい関係を維持し対立していない。典型的なネオコンであり、トランプ外交の足かせになる人物である。有力議員の一人マーク・ルビオ（フロリダ州）もネオコンだ。

彼らは、トランプ人気の高い限りは声を潜めるであろうが、肝心な時にトランプの和平を目指す外交の邪魔に入るだろう。いずれにせよワシントン上院共和党議員は、トランプの足かせになる行動を取る可能性が強い。注意が必要である。

票の取りまとめが合法化

確かに上院にはＲＩＮＯネオコン議員（隠れ反トランプ議員）はしぶとく生きているが、幸いに共和党本部のトップ全国委員会委員長はロナ・マクダニエルが、２０２４年初めに辞任した。

彼女は２０１７年１月にこのポストに就任しているが、トランプが推薦した。彼女は就任前にはミシガン州共和党委員長として、２０１６年大統領選挙でトランプ勝利に貢献した。民主・共和の力が拮抗するスイングステートだったミシガン州で、少ない予算の中、草の根運動を展開した。また、従来は民主党支持層である少数民族層への働きかけを積極的に進めた。その結果２０１６年11月選挙では同州で勝利し、トランプ当選に大きく貢献した。得票の差はわずか０・23％であった。それをトランプが評価した。

しかし、州レベルでの活躍は全国レベルでの指導力を担保しなかった。２０２２年中間選挙では、バイデン政権への失望で共和党への期待が高まっていた。事前の予想では、レッド旋風（共和党旋風）が吹くと思われていたが、上院は民主党が多数派を維持することを許し、下院は過半数を制したものの、ほんのわずかな差だった（共和党：２２２、民主党：２１３）。

マクダニエルの問題は、民主党の常軌を逸した不正を疑われる選挙活動にまともに抵抗できなかったことにある。とりわけ民主党は、事前投票を推進し、また票の取りまとめにも熱心だった。票の取りまとめは、集会などに活動員が積極的に参加し、参加者の票を取りまとめる行為を言う。民主党は、そうした行為に積極的だったが、マクダニエルは民主的ではないとして、あくまで支持者に当日投票を呼び掛けるだけであった。

しかし、現状では票の取りまとめ行為はほとんどの州で合法化されてしまっている。

投票者が認めたものなら可（25州、ワシントンＤＣ）
親族・介護者などに限定（11州）
代理投函を認めない（1州）
特段の規定なし（13州）

（２０２２年５月時点）

このままでは選挙に勝てないと危惧したのはカリフォルニア州共和党である。「郵便投票（や票取りまとめ）はよくないとだけ言っていてもしょうがない。民主党と同じやり方で勝負する」（州共和党議長ジェシカ・パターソン）として、合法である限り、民主党同様に取りまとめ行為を積極的に行うことを決めた。

その結果、民主党の強いブルーステイトでカリフォルニア州でも共和党は善戦した。下院過半数２１８番目の席を確保したのはカリフォルニア州第３区のケビン・カイリーだった。戦う姿勢を見せたカリフォルニア州共和党が挙げた成果だった。

「我が党はがんに蝕まれている」

共和党支持の国民世論がありながら、それを生かせないマクダニエル委員長への批判は日に日に高まっていった。彼女への批判のピークともいえる事件が起きたのは、共和党大統領候補戦の討論会だった。

２０２３年11月７日、共和党大統領候補者の第３回討論会があった。圧倒的支持を受けているトランプは不参加だった。候補者の中でも明らかに親トランプの姿勢を見せていた候補者ヴィヴェク・ラワスワミが、激しくロナ・マクダニエルを批判した。彼女はマイアミの会場に来ていたが、ラワスワミの歯に衣着せぬ攻撃に身を震わせて憤った。

「我が党は負け犬の党（a party of losers）になってしまった。我が党はがんに蝕まれている」と語り、その元凶であるロナ・マクダニエルの辞任を強く求めたのである。当時のトランプは、彼女を自身が推していたこともあり、党内の彼女への不満を知りながらこの問題ではニュートラルの立場だった。筆者は、トランプも戦わない共和党全国委員会に苛立っていたと推察している。そんなトランプの思いを代弁したのがラワスワミ演説ではなかったか。

ヴィヴェク・ラワスワミ

「マクダニエルが委員長になってから、２０１８年、20年、22年と負け続けだ。起こるはずの共和党旋風も起きなかった。私はそれを良しとする共和党主流派に呆れている。今晩予定されている討論会の場で、彼女の辞任を求める」とラワスワミは、X上で挑戦状を叩きつけていた。そして実際、その通りの行動に出た。

ロナ・マクダニエルは、この年の1月、2年ごとの選挙に勝利し4選を決めていた。そのこともあり、自信があったのか、ラワスワミ候補に激しく反発した。

「4％の支持しかない男が、派手な動きで注目を浴びようとしただけでしょう」（『The Hill』2023年11月11日付）[*1]

マイケル・ワットリー

それほどの自信があったにもかかわらず、この日からおよそ3カ月半後の2024年2月26日、彼女は辞意を表明した。任期半ばの退場である。この日のおよそ2週間前に、トランプは次期委員長にはノースカロライナ州共和党委員長マイケル・ワットリーを推すと表明していた。マクダニエルはまだ任期を残しているとは言え、11月の大統領選挙を控えてレイムダック（死に体）化してしまった。かなり強気な性格の女性だったが、さすがに残りの任期をまともに全うできないと悟ったのであろう。

彼女は上院反トランプの筆頭格であるミット・ロムニー議員の姪である。ミット・ロムニーは、かつては共和党大統領候補として２０１２年選挙を戦った政治家だが、ＲＩＮＯの代表格となっていた。何より、民主党主導で進められていたトランプ大統領弾劾が上院で議決された際には、賛成票を投じていた（２０２０年2月）。

共和党主流派の民主党との「なあなあ政治」に辟易しているトランプ派は、ラナ・マックダニエルの戦わない姿勢にミット・ロムニーの影を見ていた。彼らは、彼女の辞意表明は共和党の分裂などではなく、新しい共和党に生まれ変わるための大事な一里塚だと考えた。

新しい共和党全国委員会委員長には、トランプが支持を表明していた前述のノースカロライナ州共和党委員長マイケル・ワットリーが就任した。ラナ・マクダニエルの退場は、新生共和党の誕生を意味していた。共和党はトランプ党に変貌したのである。

＊1　https://thehill.com/homenews/campaign/4302526-rnc-mcdaniel-responds-ramaswamy-criticism/

第5節 バイデン選挙戦撤退

バイデンの「やばさ」に気付いたハー特別検察官

バイデン大統領とその一族の外国政府からの収賄疑惑、老化に伴う認知症疑惑は保守系の人々にはよく知られている。しかし、主要メディアはそれを隠し続けてきた。隠蔽の典型は、バイデン機密書類持ち出しについての不起訴決定であった。

バイデンは上院議員時代そして副大統領時代に国家機密書類を持ち出していた。管理は杜撰で、段ボールに放り込まれた機密書類は野放図に自宅ガレージの隅に放置されていた。段ボール箱の上部は空いたままで、ファイルホルダーが剝き出しだった。

司法省は、世論の圧力もあり、この事件について特別検察チームを編成し、起訴するか否かを検討させた。２０２４年2月5日、同チームの責任者ロバート・ハー（韓国系）特別検察官が最終報告書[*1]を公表した。

U.S. Department of Justice

Special Counsel's Office

February 5, 2024

The Attorney General of the United States

Re: Report of the Special Counsel on the Investigation Into Unauthorized Removal, Retention, and Disclosure of Classified Documents Discovered at Locations Including the Penn Biden Center and the Delaware Private Residence of President Joseph R. Biden, Jr.

Dear Attorney General Garland:

Enclosed please find a "confidential report explaining the prosecution or declination decisions" I have reached, as required by 28 C.F.R. § 600.8(c).

As we previously discussed, at the request of the White House Counsel and personal counsel to President Biden (collectively, "counsel"), I agreed, with certain conditions including nondisclosure, to allow counsel to review a draft of the report for purposes of determining whether to assert any claim of privilege, and otherwise providing comments to the Special Counsel's Office. Counsel reviewed a draft of the report on February 3 and 4, 2024.

ロバート・ハー特別検察官の最終報告書

バイデン政権幹部の中でも、トランプ嫌いで悪名高いメリック・ガーランド長官が率いる司法省だけに、バイデンを徹底的擁護すると目されていた。ハー特別検察官の用意した報告書が、バイデンを不起訴処分にすると結論づけていたことに誰も驚かなかった。

不起訴処分には驚かなかったが、その理由には驚いた。報告書6頁には次のように書かれていた。

「起訴したとしても、バイデン氏は、何の悪意もない、記憶力の衰えた老人としての振る舞いを、陪審員の前で見せるであろう。実際我々のインタビューでもそうであった。バイデン氏とのわれわれのやり取り

メリック・ガーランド

の実際、そして観察に鑑みると、『この人は大丈夫か』と陪審員に思わせるだろう。これは合理的な予測である」

「したがって陪審員を、バイデン氏は有罪であると説得するのは難しい。実際に裁判になれば、そのころにはバイデン氏は80代の半ばに達している。彼を有罪にするには、彼が悪意を持って機密書類を持ち出したことを立証しなくてはならない。つまり彼の精神状態が正常であったことを示す必要があるが、その立証は難しい」

単純に言えば、「バイデン氏は認知症で記憶の衰えた老人であって、陪審員は彼に責任能力はないと考えるだろう。彼を起訴しても有罪に持ち込めない。だから起訴しても意味がない」と書いているのである。

ハー特別検察官がここまであからさまにバイデンの呆けぶりを書き込んだことは驚くべきことであった。彼の心のどこかに残された一かけらの良心が、この文章を書かせたのであろう。

「立場上、起訴相当の報告書は書けないが、バイデンの『やばさ』に気付いてほしい」。これが彼の思いだったのではなかったか。「元首が呆けている。これでよいのか」。その思いが詰まった報告書だった。

公文書で「バイデンは認知症で、記憶力に問題がある」と書かれたにもかかわらず、権力を維持したい民主党は主要メディアにこの重大な事実をまともに報じさせなかった。バイデンの健康不安をけっして国民に伝えさせなかった。米国の主要メディアはこれほどに腐っているのである。

「呆けた大統領」ルーズベルトの教訓

ハー特別検察官報告書が公になってからおよそ3週間が経った2024年2月28日、民主党大好きのCNNがバイデン大統領の健康診断結果を伝えた。年一度の定期検診の結果を、大統領主治医のケヴィン・オコナーが公表した。オコナーは、検査結果を細かく述べた上で、次のように結論した。

「バイデン大統領は、屈強で健康で活動的な81歳の男性である。大統領の責務を十分に全うで

リトルホワイトハウス

きる」[*2]

大統領の主治医が平然と嘘をつくのは珍しくはない。フランクリン・ルーズベルト大統領の主治医だったハワード・ブルーエンが、悪性黒色腫（皮膚がん）を患っていた大統領の容態を隠し続けた先例がある。そのことは、筆者の翻訳した『ルーズベルトの死の秘密』（草思社）に詳しい。

死に至る病を隠し続けてルーズベルトは４選を果たした（１９４４年11月）。しかし、その後はまともな政務はできず、ジョージア州山中の保養地ウォームスプリングに引き籠（こも）った。そこで一日数時間の政務（書類への署名がほとんど）をこなすだけの日々を過ごした。その保養地の建物は、リトルホワイトハウスとして歴史的建造物になっている。

そんな容態でありながら、日本そしてドイツの運命を決めたヤルタ会談に出席した（1945年2月）。当然にまともな交渉はできず、会議に出席した要人たちはルーズベルトに死相を見ていた。

チャーチルの主治医だったモラン卿は、ヤルタに現れたルーズベルトを観察して次のように述べている。[*3]

「ルーズベルトは議論にほとんど参加していない。ただ座ったままで（呆けたように）口を開けたままであった。一目で、彼がここでの責務を果たせる状態にないことがわかった。あと数カ月の命に思えた」

ヤルタでの交渉実務は国務省高官アルジャー・ヒスが担った。後にヒスはソビエトスパイであったことが露見した。日本が北方領土を失ったのも、ヤルタ会談でのルーズベルトの「呆け」が原因であった。ルーズベルトはヤルタ会談から帰国した2カ月後に死んだ（1945年4月12日）。公式には、高血圧性脳出血とされているが嘘である。

米国は、呆けた老人・病んだ老人が大統領になることは、かくも危険なことはルーズベルトの事例から学んでいるはずだ。しかし、権力維持に目がくらんだ民主党には大統領の健康状態などどうでも良いことだった。

「１人の兵士も死んでいない」

バイデンは十分に健康であるという公式説明に沿って民主党はバイデンの再選を目指した。バイデンも、テレプロンプターを駆使して十分な役者ぶりを発揮していた。しかし、テレプロンプターから離れたアドリブの喋りでは、その呆けぶりが露見した。

バイデンに批判的な豪州の新聞『スカイニュース』は２０２４年4月28日、「バイデンはずっと前から失言製造機」と題する記事を掲載した。[*4] 言い間違いは誰にでもあるが、その数が余りに多ければ何らかの機能障害を疑うことは当然である。バイデンの失言はたしかに世界の笑いものになっていた。

大統領選キャンペーン中の２０２０年9月には、「わが国では2億２０００万人がコロナで死亡した」と語った。このころの死者数は12万人だった。[*5]

彼の失言は上院議員・副大統領時代から多かったが、２０２４年に入るとそれはもはやお笑いにもならないほどに悲惨なものになった。そのいくつかを示しておく。[*6]

NATO（北大西洋条約機構）は結成75周年を迎えた2024年のNATOサミットをワシントンで開催した（7月9〜11日）。そこにNATOの代理戦争を戦うウクライナのゼレンスキー大統領も招かれていた。演題で一通りのスピーチを終えたバイデンは、ゼレンスキーを演台に呼び寄せた。「プーチン大統領がNATOサミットにきてくれました」とゼレンスキーを紹介した。

NATOサミット最終日にはバイデンによる記者会見があった。ここでも失言が飛びだした。この日は副大統領カマラ・ハリスの能力について疑義が呈されていた。それに応えて「もし彼女に大統領になる資質がなければ、トランプを副大統領にすることはなかった」と述べた。出席の記者たちは「こけた」。

呆けたバイデンを主要メディアは庇い続けてきたが、その化けの皮が完全に剝がれたのは、トランプ前大統領との直接討論の日であった。討論は、2024年6月28日に行われた。

この日のバイデンは、上記に書いたようなお粗末な失言・言い間違いというよりも、むしろ嘘のオンパレードであった。彼の主張は、聞く者誰もが「明らかな嘘」であることがわかる質（たち）の悪いものだった。[*7]

「私の任期中に1人の兵士も死んでいない」はその典型だった。国民の誰もが、2021年8

月のアフガニスタンからの米軍撤退時の不手際で、兵士16人が死んでいたことを知っていた。そのことは、当時、バイデンの失敗であると問題視されていた。亡くなった兵士たちの親族はバイデン政権（国防総省）への憤りを露わにしていた。

国境警備隊員労組の支持も嘘

不法移民問題は、２０１４年大統領選挙での最大の争点の一つだった。米国の不法移民の数がどれだけに膨らんだのか正確な数字は摑めていない。１５００万から１７００万にまでなっていると推測されている。２０００万に達しているのではないかとの報道もある。

バイデン政権は、不法移民歓迎政策を取ってきた。バイデン民主党の究極の狙いは、不法移民に選挙権を持たせることである。彼らが民主党に投票するのは間違いないからだ。権力維持のためには何でもありの民主党の最終兵器が、不法移民だと言ってもよい。

国境開放政策で国境警備の隊員の士気は完全に崩壊していた。そんな状況であることを国民はよく知っていた。そうでありながら、バイデンは「国境警備隊員労働組合は、私への支持を表明している」と言い切った。明らかに嘘であることは、討論会の前日、国家国境警備隊評議

国境警備隊労組のXより

会（国境警備隊労組：NBPC）は、「我々はバイデンを支持したこともなければ、支持するつもりもない」[8]とX上で発表していたことからわかる。

他にもバイデンの嘘はあるがここで止めておく。彼の言葉は意味をなさない。候補者討論で反論を求められたトランプも、「彼が何を言っているのかわからない」と困惑するほどであった。

カナダCBCは次のように書いた。通常は、バイデン絶対擁護のメディアである。

「バイデンは明らかに混乱していた。彼は14秒間も、言葉に詰まったりもした。（中略）バイデンの言葉はかすれ、その目は遠くをぼんやり見つめる様であり、たちまちバイデンはこの大統領選から撤退すべきではないかとの声が上がり始めた（後略）[9]」

バイデンの討論会の醜態を文章で表すのは難しい。英語がわかる方はぜひ実際の映像[10]に当たってほしい。こうして民主党、そして主要メディアが隠し続けたバイデンの老醜が世間にばれ

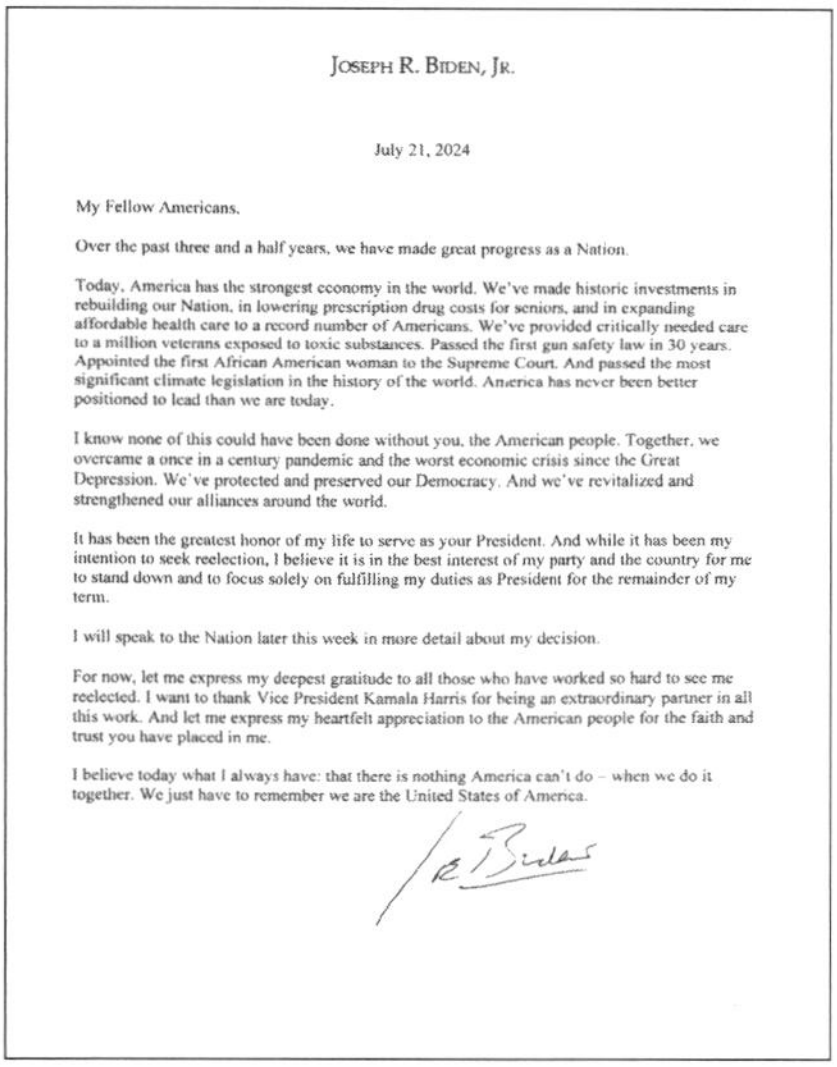

JOSEPH R. BIDEN, JR.

July 21, 2024

My Fellow Americans,

Over the past three and a half years, we have made great progress as a Nation.

Today, America has the strongest economy in the world. We've made historic investments in rebuilding our Nation, in lowering prescription drug costs for seniors, and in expanding affordable health care to a record number of Americans. We've provided critically needed care to a million veterans exposed to toxic substances. Passed the first gun safety law in 30 years. Appointed the first African American woman to the Supreme Court. And passed the most significant climate legislation in the history of the world. America has never been better positioned to lead than we are today.

I know none of this could have been done without you, the American people. Together, we overcame a once in a century pandemic and the worst economic crisis since the Great Depression. We've protected and preserved our Democracy. And we've revitalized and strengthened our alliances around the world.

It has been the greatest honor of my life to serve as your President. And while it has been my intention to seek reelection, I believe it is in the best interest of my party and the country for me to stand down and to focus solely on fulfilling my duties as President for the remainder of my term.

I will speak to the Nation later this week in more detail about my decision.

For now, let me express my deepest gratitude to all those who have worked so hard to see me reelected. I want to thank Vice President Kamala Harris for being an extraordinary partner in all this work. And let me express my heartfelt appreciation to the American people for the faith and trust you have placed in me.

I believe today what I always have: that there is nothing America can't do – when we do it together. We just have to remember we are the United States of America.

バイデンの不出馬声明文

た。

そのことを悟った民主党は、バイデンを諦めた。主要メディアの論調が突然にバイデンに冷たくなった。バイデンでは勝てないと決めつける主要メディア、そして共和党全国委員会の圧力は凄まじかった。バイデン本人、妻ジル、息子のハンターなどは徹底抗戦したが、7月21日、バイデンは自ら大統領選挙不出馬を声明した。[*11]

不可解なバイデンの「トランプ支持」

実は、この不出馬声明について本当にバイデン自身が書いたのかについて疑義が呈されている。バイデン支持の民主党幹部ナンシー・ペロシ元下院議長さえも、「バイデン本人が書いたようには思えない」（『ニューヨーク・タイムズ』２０２４年８月９日付[*12]）と発言した。この文書には大統領専用の公式レター用紙が使われていない。バイデン本人の署名なのか（偽造疑惑）も疑われている。

いずれにせよ、バイデンの選挙戦撤退は、本人の意志ではなかったと見てよいだろう。本人には不本意の撤退声明だったのではないかとの疑惑は、その後の彼の不可思議な行動で深まった。２０２４年9月11日、バイデンは支持者の集会で、トランプ支持者のかぶるＭＡＧＡ帽子をかぶってみせた。11月5日は選挙日であった。その日、大統領夫人ジル・バイデンは、共和党カラーである赤いスーツで登場し、「彼女はトランプに票を入れたのか？[*13]」と話題になった。

＊1　https://www.justice.gov/storage/report-from-special-counsel-robert-k-hur-february-2024.pdf
＊2　https://www.whitehouse.gov/wp-content/uploads/2024/02/Health-Summary-2.28.pdf
＊3　https://www.providencejournal.com/story/lifestyle/2014/10/29/20141029-herbert-rakatansky-lessons-from-the-decline-and-death-of-franklin-roosevelt-ece/35273233007/
＊4　https://www.skynews.com.au/world-news/united-states/joe-biden-always-been-a-gaffe-machine/video/2126f9ac8d61008182 92c96f05a00cac

＊5　筆者は公式発表の数字を信用していない。交通事故死の場合でも死後の検査でコロナ陽性となれば、コロナ死にカウントされていたことに鑑みれば、当時のコロナ死者数が相当に水増しされていたことがわかる。コロナ患者受け入れの医療組織には金銭的インセンティブがあったため、どんな患者でもコロナ患者にする動機が病院経営者に生まれていた。

＊6　https://www.lbc.co.uk/news/joe-biden-president-usa-donald-trump-mistake-gaffe-embarassing/

＊7　https://nypost.com/2024/06/29/us-news/fact-check-bidens-horrific-debate-performance-made-worse-by-multiple-lies-and-gaffes/

＊8　https://x.com/BPUnion/status/1806501048724430943

＊9　https://www.cbc.ca/news/world/2024-us-debate-analysis-1.7249398

＊10　ttps://www.youtube.com/watch?v=v-8wJkmwBY#ddg-play

＊11　ttps://x.com/joebiden/status/1815080881981190320?s=46&t=B30ldupgCeiKfMK6RJ4RrQ

＊12　https://www.nytimes.com/2024/08/09/opinion/ezra-klein-podcast-nancy-pelosi.html

＊13　https://www.albawaba.com/node/did-jill-biden-vote-trump-red-suit-1592354

第2章

トランプ暗殺未遂とFBI

第1節

軍産複合体の暗躍

20年間で8兆ドルをアフガン戦争に注ぎ込む

トランプが2020年の不正選挙に敗北し、ホワイトハウスを去ると、世界がたちまち不安定化した。トランプは在任中一度も新しい戦争を起こさなかった米史上でも稀有な大統領であった。就任以前に始まっていた戦いは、その幕引きあるいは派兵規模縮小を模索し、多くの兵士の本国帰還に努力していた。

しかしバイデン政権に入ると、そうした動きは止まった。バイデン政権に巣食うネオコン官僚は、世界の不安定化に成功した。彼らは不安定化することが米国一極主義には欠かせないプロセスと考える。不安定化の始まりはいくつかあるが、最もわかりやすい事件は、アフガニスタンからの撤退である。

アフガニスタンに米国が侵攻したのは、同国を本拠地とするアルカイダによる9・11事件への報復が理由であった。９・11事件がいかに怪しい事件であったかについては第１章で触れた。米国が、アフガン戦争に費やした戦費は巨額である。２００１年10月７日の侵攻から２０２１年８月30日の米軍撤退までのおよそ20年間で、８兆ドルを注ぎ込んだ。[*1]
人的被害も甚大だった。米国の撤退が確実になった２０２１年８月16日、ＡＰは20年間（２０２１年４月時点まで）の人的被害をまとめた。[*2]

〈死者数〉

米軍	２４４８
米軍コントラクター（民間軍事請負企業）	３８４６
アフガン政府軍・警察	６万６０００（推定）
ＮＡＴＯなど同盟国軍	１１４４
アフガン民間人	４万７２４５
タリバン等反政府組織	５万１１９１
難民等支援組織従事者	４４４
ジャーナリスト	72

米国の傀儡として大統領職に就いていたガニ大統領の逃げ足は早かった。8月15日には国外脱出したとフェイスブックに書き込んでいた。ロシア報道によれば、ガニはその際4台の車に大量の現金を積んで逃げていた。彼の逃亡先はアラブ首長国連邦であった。

米軍は何の成果も上げることができないまま、アフガニスタンはタリバン勢力の手に落ちた。米国バイデン政権は撤退時に信じられないミスを犯した。多くの民間人を置き去りにしたうえ、大量の軍事物資を放置したまま撤退したのである。

2022年8月16日、軍主任監察官による監査報告書が公開された。[*3] それによれば、米軍が撤退時にアフガニスタンに放置した武器つまり旧アフガニスタン政府軍の在庫として積み上げていた武器の総額は、71億2000万ドル相当に上る。そのほとんどをタリバンが接収した。そうした武器の相当量が、世界の紛争地域への供給に暗躍する闇の武器商人に売却された。[*4]

なぜ米軍は、可能な限りそうした武器を回収したうえでの秩序ある撤退ができなかったのか。恐らく、ペンタゴン（国防総省）上層部はそうすることを米国軍産複合体が喜ばないことを知っていたのであろう。武器を放置すればまた新たな需要が生まれる。

バイデン政権の国防長官はロイド・オースティンという黒人の人物である。彼は、主として

ロイド・オースティン

中東地域を管轄とする米中央軍の司令官まで登りつめたエリートだった。２０１６年に中央軍司令官を退官すると、軍需産業レイセオン社（現ＲＴＸコーポレーション）の役員に迎えられた。バイデン政権が発足すると国防長官に迎えられた（２０２１年1月22日）。

ロイド・オースティンは、軍産複合体という巨大勢力を体現する人物である。71億２０００万ドル相当の武器を残置し、撤退時の不手際で米軍兵士13人を死なせてしまったオースティン国防長官だが、責任を取っていない。

「両国の紛争はわが社のビジネスには好都合」

米国軍産複合体のメンタリティがよくわかる発言がある。ウクライナ戦争が始まる直前、レイセオン社ＣＥＯグレッグ・ヘイズが投資会社のインタビュー（２０２２年1月25日）に応じた。彼の言葉を投資専門紙『New Boston Post』が報じている。

「レイセオン社グレッグ・ヘイズCEOは、ロシア・ウクライナ紛争は莫大な利益を生む、と語った。ロシアは今年中にウクライナに侵攻し、親ロシアの政権を立てるようだ。ヘイズCEOは、両国の紛争はわが社のビジネスには好都合であると述べた[*5]」

これこそが、軍需産業の本音なのである。軍産複合体の危険性をはっきりと口にしたのは、アイゼンハワー大統領だった。アイゼンハワーは、退任時のスピーチ（1961年1月17日）で軍産複合体の危険性を指摘した[*6]。

スメドレー・バトラー

かつては民生品製造会社が、戦時においてのみ、その一部製造ラインを武器製造に充てた。第2次世界大戦そして朝鮮戦争を通じて、武器製造のやり方が完全に変わってしまった。兵器製造専門会社が生まれたのである。戦争がなければ儲からない会社を生んでしまったことはこれからの米国の安全を脅かす可能性が高い。

アイゼンハワーは、戦争を起こしたいモンスター（軍産複合体）が生まれてしまったと嘆いたのである。

アイゼンハワー演説は、大統領自身が軍産複合体の危険性を指摘したことで広く世に知られているが、彼よりずっと以前に、戦争で大きな利益を得るごく少数のグループがいると国民に警告した軍人がいた。

スメドレー・バトラー少将（１８８１〜１９４０）である。海兵隊で活躍し、大統領から直接授与される最高位の勲章「名誉勲章（Medal of Honor）を2度受賞している。父のトーマスは、ペンシルバニア州選出の下院議員だったから毛並みは良い。

彼は、アメリカが帝国主義化していく過程で起こした戦争のほとんどに参加した。フィリピンをスペインから奪った米西戦争（正確にはフィリピンを買収）、フィリピン戦争（フィリピン独立戦争）、北清事変、中南米諸国反乱鎮圧戦争などである。彼はそうした戦争が、極めて少数のグループだけに巨利を生む現実を見た。１９３５年、そうした少数の戦争利得者の存在に国民の注意を促す書『War is a Racket』を上梓した。「racket」とは「違法な商売」を意味する。

『War is a Racket』

バトラーは、戦争は戦いで血を流し、経済的に苦しむことになる国民自身が、賢くなることでしか回避できないと主張した。「一般的にほとんどの国民は戦争を画策する少数の戦争利得者の動きに無関心である。しかし、それではだめだ。一般国民がそうした連中のやり方に関心を持たなくてはならない」と訴えた。[*7]

バトラーの警告は一般国民に届かなかった。そしてアイゼンハワー自ら、大統領でさえ制御が難しくなった軍産複合体の危険な動きに、国民の注意を再び促したのである。

＊1　https://www.brown.edu/news/2021-09-01/costsofwar
＊2　https://apnews.com/article/middle-east-business-afghanistan-43d8f53b35e80ec18c130cd683e1a38f
＊3　https://www.dodig.mil/In-the-Spotlight/Article/3129145/lead-inspector-general-for-operation-enduring-sentinel-and-operation-freedoms-s/
＊4　https://foreignpolicy.com/2023/07/05/taliban-afghanistan-arms-dealers-weapons-sales-terrorism/
＊5　https://newbostonpost.com/2022/01/31/raytheon-ceo-says-his-company-will-benefit-from-russia-ukraine-conflict/
＊6　https://archive.org/details/eisenhower-farewell-address-military-industrial-complex-warning
＊7　War is a Racket, Skyhorse Publishing, 1935, p83

第2節 軍産複合体ボーイングのエージェント：ニッキー・ヘイリー

現在の米国の軍産複合体の具体的な会社名を知っておいて損はない。前節で書いた、アイゼンハワーの指摘した軍需に特化した会社だけでなく、民生品製造会社の中にも軍からの受注に経営を大きくシフトさせた会社がある。以下にそうした典型的な12の会社をリストアップした。２０２３年にアビー・マケインという女性ジャーナリストがまとめたものである。[*1] 彼女によれば、２０２２年における米国防衛産業の市場規模は７４０４億ドルである。

〈２０２２年売上高〉
第１位　レイセオン（マサチューセッツ州）　６７１億ドル
第２位　ボーイング（イリノイ州）　６６６億ドル
＊ボーイング社は民間航空機製造会社と理解されているが、軍用兵器、宇宙衛星、ミサイル、爆弾など幅広い製品を製造している（後述）

第3位　ロッキード・マーチン（メリーランド州）　660億ドル
第4位　ゼネラル・ダイナミック（バージニア州）　394億ドル
第5位　ノースロップ・グラマン（バージニア州）　366億ドル
第6位　BAEシステム（バージニア州）　263億ドル
第7位　L3ハリス（フロリダ州）　171億ドル
第8位　レイドス（バージニア州）　144億ドル
第9位　ハンティントン・インガルズ（バージニア州）　107億ドル
第10位　ブーズ・アレン・ハミルトン（バージニア州）　84億ドル
第11位　オシュコシュ（ウィスコンシン州）　83億ドル
第12位　サイエンス・アプリケーション（バージニア州）　77億ドル

先に、軍需産業のトップに君臨するレイセオンが退役軍人であるロイド・オースティンを役員に迎えたこと、そして彼はその後、国防長官に転身したことを書いた。露骨に高位の職業軍人を会社幹部に迎え入れることに、倫理的罪悪感は米国ではもはや失われている。それだけでなく、将来国防・外交を扱うことになる政治家あるいは官僚の軍需産業への「天下り」も頻繁に行われている。

２０１９年2月、業界第2位のボーイングは国連大使だったニッキー・ヘイリーを役員に迎え入れた。[*2] 彼女は前年の秋、国連大使職を辞任していた。ニッキー・ヘイリーは後に共和党大統領候補予備選で最後までトランプと候補の座を争うことになる人物である。

ニッキー・ヘイリー

彼女は、２０１１年から17年の間、サウスカロライナ州知事（2期）を務めた。そんな彼女を国連大使に任命したのはトランプだった（２０１７年1月）。彼女は恩あるトランプに砂をかけるようにボーイング役員に転職した。

ボーイングの彼女の雇用には2つの狙いがあった。トランプ政権の要職にあった彼女を雇い入れることで、問題を起こしていたボーイング７３７ＭＡＸの連続事故に関わる調査に手心を加えさせることである。もう1つは、言うまでもなく軍需品の軍への納入を有利にするためである。

日本では導入されていないので、よく知られていないが、ボーイングは７３７ＭＡＸ型で２

つの重大な事故を起こしていた。インドネシア沖そしてエチオピア・アディスアベバ郊外での墜落事故である。ボーイング社は、経営者層が利益追求に走りすぎ、安全を確保する管理工程を蔑ろにさせていたらしいことが後になって判明する。しかし、事故発生当時はそうした事実は知られていなかった。

７３７ＭＡＸの２つの事故と同社の経営の問題については、『朝日新聞』が本格的な追及の連載記事を書いている。「強欲の代償　ボーイング危機を追う」とした10回シリーズである。このシリーズ記事は２０２２年１月から始まった。[*3]『朝日新聞』としては力の入った特集だった。

少し長くなるが、この連載の第１回記事の一部を紹介する。事故の概要がよくわかる。

現地時間２０１９年３月10日午前８時38分。快晴のアディスアベバ・ボレ国際空港を、ジョロゲの家族ら１５７人を乗せたＥＴ３０２便が飛び立った。前年に製造され就航からわずか４カ月。米ボーイングの真新しい小型旅客機「７３７ＭＡＸ」はしかし、離陸後すぐに操縦不能に陥った。

失速を防ぐために機首の上がりすぎを抑え込む飛行制御システムが、誤って作動していたのだ。機体の傾きをはかるセンサーの不具合で、実際よりも機首が上がっているとする誤ったデータがシステムに送られていた。

何が起きているのか知りようもない機長（29）と副操縦士（25）は、機体のコントロールを取り戻そうと必死にあらがった。だが、そのシステムは何度も起動しては尾翼を動かし、機首を地面へと引きずり下ろそうとした。ＥＴ３０２便は、自らのシステムに乗っ取られていた。機体は上下に激しく揺さぶられながら、急速に高度を下げていく。

「Terrain, Terrain, Pull Up, Pull Up」（地表が近い、機首を上げろ）。午前８時43分36秒、地表への異常接近を知らせる対地接近警報装置（ＥＧＰＷＳ）がコックピットに鳴り響いた。記録が途絶えたのはその８秒後。ＥＴ３０２便は時速１０００キロに迫る猛スピードで、アディスアベバ近郊の農地に突っ込んでいった。

アフリカの大地をえぐった直径約40メートル、深さ10メートルのクレーターに、１５７人全員の命がのみ込まれた。

その、わずか5カ月前。７３７ＭＡＸはインドネシアでも極めて似た事故を起こしていた。ライオン航空（ＪＴ）６１０便が、首都ジャカルタの空港を離陸後すぐに操縦不能になった。２人のパイロットは言うことを聞かない機体と最後まで格闘し、急降下と急上昇を20

回以上も繰り返した末、ジャワ海に墜落。１８９人の命が奪われていた。

司法取引で刑事訴追を逃れる

２つの事故を招いたのは、まったく同じ飛行制御システムの不具合であることが、両国の事故調査当局などの調べで次第に明らかになっていく。７３７ＭＡＸは、２０１７年にデビューしたばかり。世界の航空産業をリードするボーイングが誇る、最新鋭機である。それがほぼ同じ形で立て続けに墜落する。１世紀余りの世界の航空史で類例のないことだった。

『朝日新聞』連載記事のタイトルが「強欲の代償 ボーイング危機を追う」となっていることからもわかるように、この事故は、経営トップの「安全性よりも利益追求」の姿勢が起こした「人災」だった。ボーイングは、起こした２つの墜落事故については、金銭的補償あるいは経営改善命令などを覚悟したが、経営者層の刑事罰だけはどうしても避けたかった。

ボーイング社が取った手法は、司法取引であった。２億４３６０万ドルのペナルティの支払い、４億５５００万ドルを安全性向上プログラムに投資、ＦＡＡ（Federal Aviation Administration：連邦航空局）指導に沿ったマネージメント改善とその改善監視のための独立系監視担当者の任命。これらが刑事訴追を逃れる条件だった。

２０２４年7月25日、ボーイング社と検察当局との司法取引条件が決定したことが報じられた。この取引は、担当連邦地裁判事リード・オッコーナーの承認が必要であった。[*4]

２つの墜落事故の犠牲者家族は当然ながらこの司法取引に憤った。経営層個人の刑事責任を検察に追及してほしい遺族は、オッコーナー判事はこの司法取引を認めてはならないと訴えた。

２０２４年10月11日、オッコーナー判事による遺族の主張の聞き取りがあった。本書執筆段階（11月中旬）ではまだ判事の承認はない。

ボーイングは、経営陣の刑事訴追を免れたい。しかし仮に、司法取引が承認されても新たな重大問題が生まれる。刑事罰を受けた業者からの政府調達は制限される。上記に述べた司法取引は自ら有罪を認めることを意味する。

窮地に立ったボーイングは、司法取引決断の前に国防総省に、これからの発注に支障がないか確認していた。２０２２年のボーイングの売り上げの37％が、防衛関連であった。国防総省からの受注だけでなく外国政府からの注文もあった。司法取引を覚悟するのはいいのだが、それで防衛関連の売り上げが消えたら会社の未来はない。

国防総省にとってもボーイングからの供給が途絶えては困る。同社がほぼ独占的に納入している製品があり、少なくとも短期的には代替がきかないのである。

国防総省広報官パトリック・ライダー少将（空軍）は、「司法取引がペンタゴンへの納入にいかなる影響を与えるか調査中である」と語った。国防総省が直接ボーイングと接触しているかについては口を濁した（2024年7月8日付ロイター）[*5]。

ボーイングが納入する軍需品は多々あるが、その一つがボーイング737を改造したポセイドンP8哨戒機である。同機を導入する計画のカナダ政府は、計画の見直しを考えていないと発表した。（2024年8月7日プレスリリース）。

ボーイングのような民間機製造会社も、その経営資源を軍用機などに積極的にシフトしているのには理由がある。軍需品ではニーズが細分化され、かつ秘密事項が多いため市場原理が働かない。

ポセイドンP８哨戒機

民間機であればエアバスなどとの競合になり、思ったような利益が挙げられないが、軍需品であれば大きな利益が確保できる。ペンタゴンの官僚には、ボーイングからできるだけ安く仕入れるという発想はない。ほぼ言い値での販売が期待できる。

スマート爆弾

ボーイングはスマート爆弾も製造している。スマート爆弾は、従来の爆弾にGPSを取り付けられたもので、投下されると翼で滑空を始める。滑空距離は開発当初は最大45マイル（７０キロメートル強）程度だったが、後継機種には小型エンジンも搭載され、５００ポンド爆弾搭載で３００海里（５５０キロメートル強）まで伸びた。

この爆弾から爆薬を外し重量を減らせば、飛行距離は７００海里（１３００キロメートル弱）となる。「爆発しない爆弾」でも敵の防衛システムを混乱させるダミーとして利用できる。[*6]

７３７ＭＡＸの欠陥問題に起因する売り上げ不振に悩むボーイングにとって、２０２２年2月から始まったウクライナ戦争は「嬉しい事件」となった。戦争が始まって1年が経った2023年2月、米国はボーイングが製造するスマート爆弾をウクライナに供給すると決めた。2月22日付のブルームバーグ（日本語版）は次のように伝えている。[*7]

「米国はウクライナに対し、45マイル（約72キロメートル）先のターゲットを攻撃できるボーイング製の長距離GPS誘導爆弾を供与すると複数の業界関係者が明らかにした」

「米国防総省はボーイング製の誘導装置「JDAM（統合直接攻撃弾）」の改良版を提供することを公式には認めておらず、昨年12月21日に発表された18億5000万ドル（現在のレートで約2500億円）の追加軍事支援パッケージの一環として「精密航空兵器」を送ると述べるにとどめた。ただ、事情に詳しい関係者2人は、この兵器が射程延伸型JDAM（JDAM-ER）だと確認した」

ボーイングにとって、ウクライナ戦争の勃発がいかにタイミングが良かったかわかる。2023年10月7日、ボーイングにさらなる追い風が吹いた。イスラエル領土内にハマスが侵攻し、イスラエル・ハマス戦争が始まったのである。イスラエルは報復と称して、病院や学校などの民間施設を容赦なく爆撃した。この爆撃に使用されたのがやはりボーイング社製のスマート爆弾であった。

ブルームバーグ（２０２３年10月10日付）は、２０２１年にイスラエルから発注済みの１００発のスマート爆弾の製造・供給を急いでいると報じた。[*8] 民間機マーケットで苦戦するボーイングにとって、ウクライナ戦争そしてイスラエル・ハマス戦争は救いとなった。

２０２４年８月、やまないイスラエル・ガザ戦争はボーイングにさらなる朗報を生んだ。ボーイングが製造するＦ15戦闘機のイスラエル供給を国務省が許可したのである。１８９億ドル相当のＦ15が、ミズーリ州セントルイス工場で製造されイスラエルに供給されることが決まった（『セントルイス・ビジネス・ジャーナル』２０２４年８月13日付）。[*9]

ヘイリーの異常なイスラエル推し

軍需事業に大きくシフトするボーイングは、役員として迎えたニッキー・ヘイリーに期待した。もちろんボーイングだけではなく、他の軍産複合体企業の期待も大きかった。彼女の役割は、米国の、ウクライナそしてイスラエルへの武器支援は正しいと国民に訴え、納得させることであった。

ニッキー・ヘイリーは共和党予備選に立候補し、他の候補が次々に撤退していく中で最後まで諦めなかった。軍産複合体の後押しがあったからである。軍産複合体にとっては、ヘイリーを共和党候補に担ぎ出せれば、２０２４年大統領選挙で、民主・共和どちらの政党が勝利しても2つの戦争の継続が確保される。ニッキー・ヘイリーは、実際、予備選でもイスラエルを徹底的に擁護した。

爆弾に記されたニッキー・ヘイリーのメッセージ

彼女のイスラエル推しは異常であった。２０２３年2月14日には、早くもユダヤ系報道機関『Jewish Telegraphic Agency』が、「ニッキー・ヘイリーは親イスラエルエスタブリッシュメント層のお気に入り。トランプに挑戦」と報じている。

彼女が共和党予備選からようやく撤退したのは、２０２４年3月6日のことである。その後、彼女はイスラエルに招かれた。そこで事もあろうに、イスラエルの軍需品倉庫に格納されていたスマート爆弾に次のようにサインした。

「Finish Them. America ♡ Israel Always. Nickey

Haley」[*10]

「奴らを殲滅せよ。アメリカはいつもイスラエルが大好き」と書付け、署名までした。政治家は残酷になれる。その残酷さは男性も女性も関係ない。そんなことをはっきりと示したニッキー・ヘイリーの愚かな行動であった。

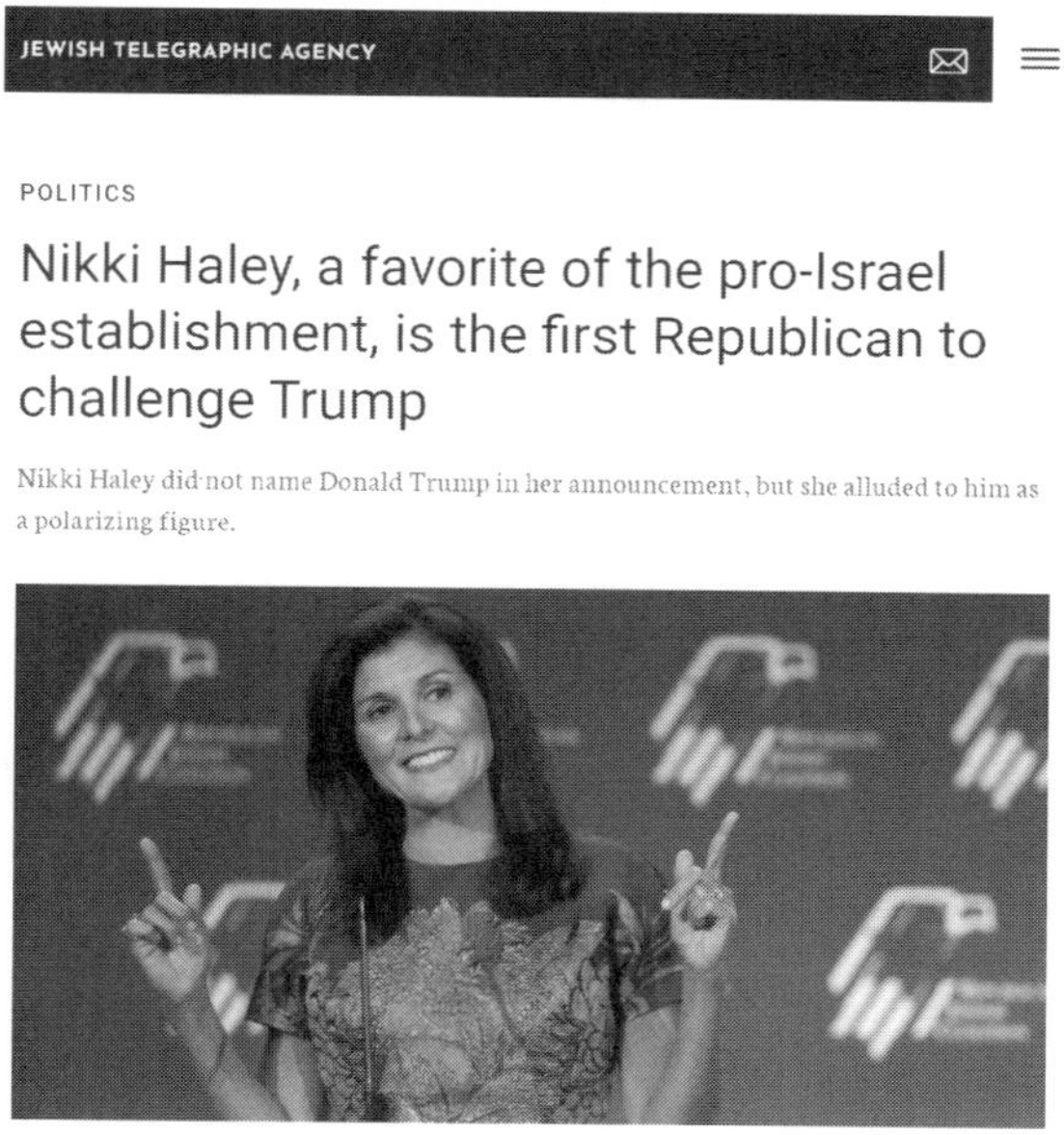
JEWISH TELEGRAPHIC AGENCY

POLITICS

Nikki Haley, a favorite of the pro-Israel establishment, is the first Republican to challenge Trump

Nikki Haley did not name Donald Trump in her announcement, but she alluded to him as a polarizing figure.

『The Jewish Telegraphic Agency』2023年２月14日付

彼女は、この爆弾がガザの民間施設の攻撃に使われるのを知っている。彼女の言う「彼ら」はハマスだけでなく、ガザに暮らす女・子供そして国連職員も含まれる。そんな爆弾に♡マークまで書き込む無神経ぶりであった。

前章で書いたように、共和党予備選挙にはヴィヴェク・ラワスワミも立候補していた。彼は、軍産複合体の手先となって動くニッキー・ヘイリーが許せなかった。２０２３年12月６日、共

手書きボードを掲げるラワスワミ（ＡＦＰ＝時事）

和党大統領候補者による第4回討論会があった。そこでラワスワミは、「ニッキーは腐敗の権化」と書いた手書きボードを掲げた。

強力な軍産複合体をバックにするヘイリーを、忖度なくラワスワミが糾弾できたのは、彼自身が軍産複合体と距離を置いているからである。他の有力候補デ・サンティス・フロリダ州知事などでは、ヘイリー批判ができない。デ・サンティスは、当初高い人気を誇っていたが、それはすぐに消えた。無批判にイスラエル支持を口にしたからだった。彼も軍産複合体との癒着が疑われていた。

他の候補が次々と脱落し、トランプ支持を表明する中で、ニッキー・ヘイリーだけは最後まで諦めなかった。トランプを嫌う民主党は、党員に共和党員登録をさせてまで、ニッキー・ヘイリーを支援した。軍産複合体企業からの選挙資金もたっぷりあった。しかし、ヘイリーのネオコン思想は共和党支持者にはバレバレであった。予備選にたった１人残った彼女も、２０２４年３月６日、撤退を決めた。

こうして共和党候補はようやくドナルド・トランプに絞り込まれた。筆者は戦争屋ヘイリーの撤退に安堵した。

第２次トランプ政権に彼女の顔はない。ここまでの説明で、その理由がよくわかるはずである。

＊１　https://www.zippia.com/advice/largest-defense-companies/
＊２　https://www.pbs.org/newshour/politics/nikki-haley-nominated-for-seat-on-boeings-board
＊３　「強欲の代償　ボーイング危機を追う」『朝日新聞』２０２２年１月20日
https://www.asahi.com/rensai/list.html?id=1422&iref=pc_extlink
＊４　https://www.cnn.com/2024/07/24/business/boeing-doj-plea-deal/index.html
＊５　https://www.reuters.com/business/aerospace-defense/boeing-talks-with-us-defense-department-impact-guilty-plea-source-2024-07-08/

*6 https://www.defensenews.com/air/2024/05/28/boeing-wins-75-billion-contract-from-us-air-force-for-guided-bombs/

*7 https://www.bloomberg.co.jp/news/articles/2023-02-21/RQG8NCT0AFB501

*8 https://www.bloomberg.com/news/articles/2023-10-10/boeing-sped-1-000-smart-bombs-to-israel-after-the-hamas-attacks

*9 https://www.bizjournals.com/stlouis/news/2024/08/13/state-department-approves-sales-of-f-15s-to-israel.html

*10 https://www.commondreams.org/news/nikki-haley-israel

第3節　トランプ暗殺未遂事件の怪：トランプ演説の続行

トランプ勝利確実の世論調査

２０２４年7月13日、トランプはペンシルバニア州バトラーでのラリー（演説会）に臨んでいた。前章で書いたように、最後まで共和党予備選に残っていた戦争屋ネオコン政治家ニッキー・ヘイリーも3月６日には撤退を決めていた。

あとは7月15日から18日に予定される４日間の共和党全国大会で、正式に党大統領候補に選出されるばかりであった。トランプはそこでランニングメイト（副大統領候補）を指名するのである。何人かの候補は上がっていたが、彼の訴えるＭＡＧＡ（Make America Great Again）運動の火を次の世代につないでくれる人物を選ぶであろう、と誰もが予想していた。

経験的に、米国の世論調査は、過去の調査と実際の選挙結果のデータを比較すると４～５％

は民主党に有利な数字を出してきたことがわかっている。世論調査を依頼者の求める数字になるよう加工し、世論調査を科学ではなく商売にしている男の代表がフランク・ルンツである。彼が前共和党下院議長ケヴィン・マッカーシーを自宅に同居させていたことは前章で書いた。

２０２４年６月28日のバイデン・トランプ直接討論後の世論調査は民主党を震撼させた。民主党応援団メディアの筆頭である『ニューヨーク・タイムズ』は、討論後の６月28日から７月２日に世論調査を実施した。[*1]

驚くべきことに、投票に行くと答えた有権者の49％がトランプ支持、43％がバイデン支持であった。６％のはっきりとした差が出ていた。常識的には勝負あったという数字である。実際にはもっと惨めな差になっていたのではなかったか。民主党バイアスに鑑みれば10％程度の差があったかもしれない。

「トランプ勝利確実の世論調査」が民主党寄りの『ニューヨーク・タイムズ』で公表された11日後の７月13日、トランプは、ペンシルバニア州バトラーでのラリーに臨んでいた。そこで暗殺未遂事件が起きた。事件に至るまでのタイムラインは、民主党に批判的な女性調査ジャーナリストであるシャリル・アトキッソンが要領よくまとめている。[*2] それをベースにした事件の時系列は次の通りである。

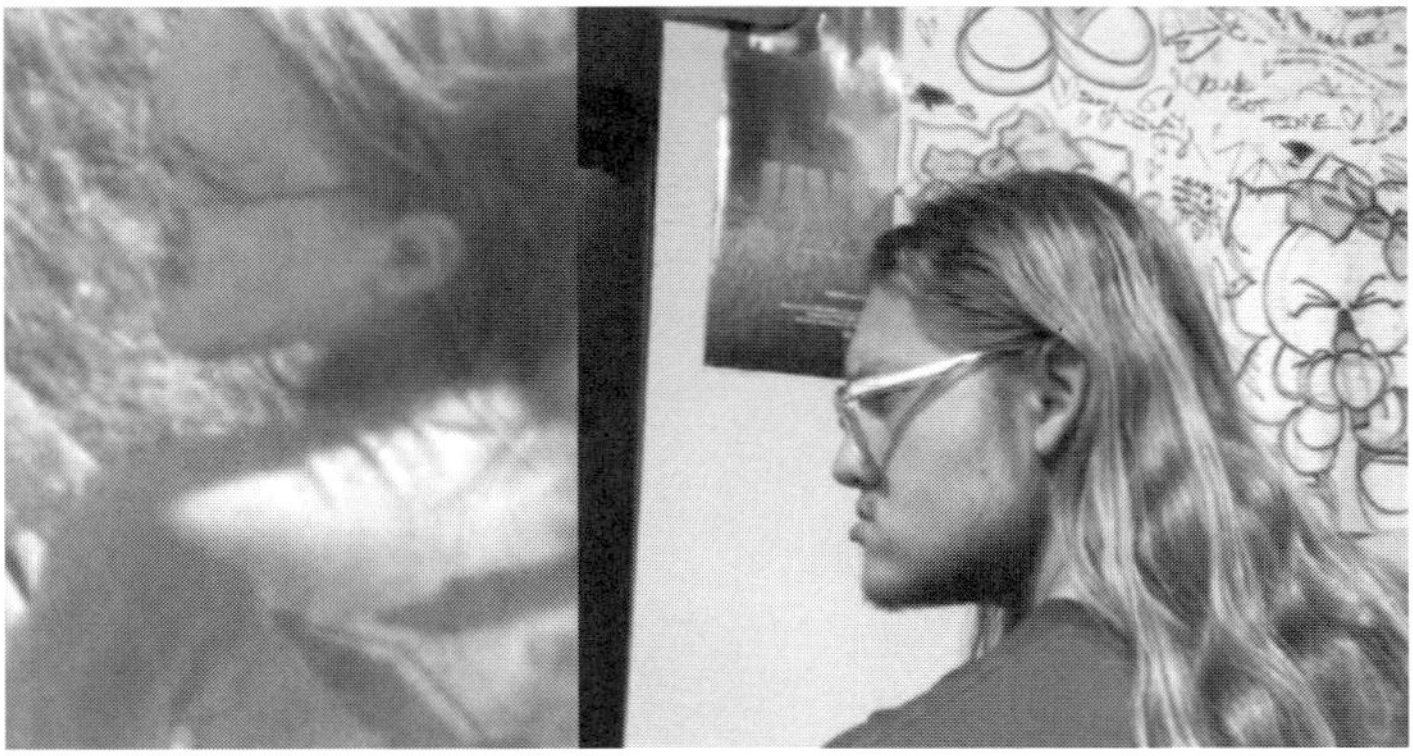
トーマス・クルックス

２０２２年頃

トランプ選挙対策チームは、シークレット・サービスに保護・警備の強化を要請したが、シークレット・サービスは拒否（注：トランプ陣営はその後も要請を繰り返したが、強化されていない）

２０２４年7月11日

暗殺未遂犯人トーマス・クルックスの危険性がシークレット・サービス及び地元警察に報告される

7月12日

クルックス、地元の射撃場で射撃練習（当該射撃場はシークレット・サービスの上部組織国土安全保障省のエージェントが利用する施設である）

7月13日　午前9時

地元バトラー郡緊急出動部隊（Butler County Emergency Services Unit：バトラーＥＳＵ）、地元ＳＷＡＴチーム及び警備担当地元警察間でブリーフィング実施。シークレット・サービスは不参加。ブリーフィングでは、バトラーＥＳＵは会場の状況をビジュアルで説明。但し、犯人クルックスが屋根に上って銃撃することになる会場隣接ビル（ＡＧＲ社の建物及び屋根）については言及なし。

同　午前10時30分

会場周辺警備担当の地元警察はＡＧＲ社の建物の2階の部屋で待機（注：当該建物の屋上からクルックスはトランプに向けて発砲）。

同　午後5時30分

警備関係者に、クルックスが挙動不審者として報告される。

同　５時41分

地元警察スナイパーが統合司令部に、クルックスが再び現れたこと、レンジファインダー（距離測定器）を所持していると報告。

同　５時45分

同スナイパーが、ビーバー郡警備指令所に、クルックスの状況を報告。シークレット・サービスを含む他の警備担当組織への伝達指示（注：ビーバー郡はバトラーの西隣の行政地域、バトラー郡の警備応援に参加）。

同　５時52分

ＡＧＲビルの屋根のクルックスを、シークレット・サービスのスナイパーが視認。

同　５時59分

トランプラリー責任者に不審者の存在知らされず。

同　6時02分
ラリー参加者、屋根にいるクルックスに気付き、警備担当者に知らせる。多くの人が屋根上のクルックスを指さし始める。

同　6時5分
トランプ、演説開始。トランプには危険が知らされず。

同　6時11分
発砲12秒前：1人の警備員屋根に上ろうとするがクルックスに銃を向けられ、身をかわす拍子に地上に転落。
発砲11秒前：シークレット・サービスのスナイパー、ターゲット（クルックス）をロックオン
発砲4秒前：より多くのラリー参加者が騒ぎ始め、屋根上のクルックスを指さす。

キンバリー・チートル（ＣＮＰ／時事通信フォト）

発砲：クルックス発砲。
発砲26秒後：シークレット・サービスのスナイパー、クルックスを射殺。
7月17日
シークレット・サービス長官キンバリー・チートル、クルックスのいた屋根は傾斜がきついため、スタッフの安全を考慮してスナイパーを配置しなかったと釈明。屋根周辺の警備がなされなかったのも同じ理由と説明。
7月20日
シークレット・サービス、十分な警備がなされていたと主張。

7月22日

チートル長官、下院政府監視委員会で証言。質問にはすべて調査中と回答（実質答弁拒否）。辞任拒否。

7月23日

チートル長官、一転して辞意表明。

これが大まかな事件の流れである。犯人クルックスのいたビルの屋根とトランプの演壇の位置は上図の通りである。ビルの屋根の傾斜はわずか数度で、チートル長官の証言が嘘であることが、この写真からでもわかる。

一連の流れを見れば、警備責任組織であるシークレット・サービスは、「不審者の排除」まで演説を始めさせない、あるいは演説途中でもいったん中止の指示ができ

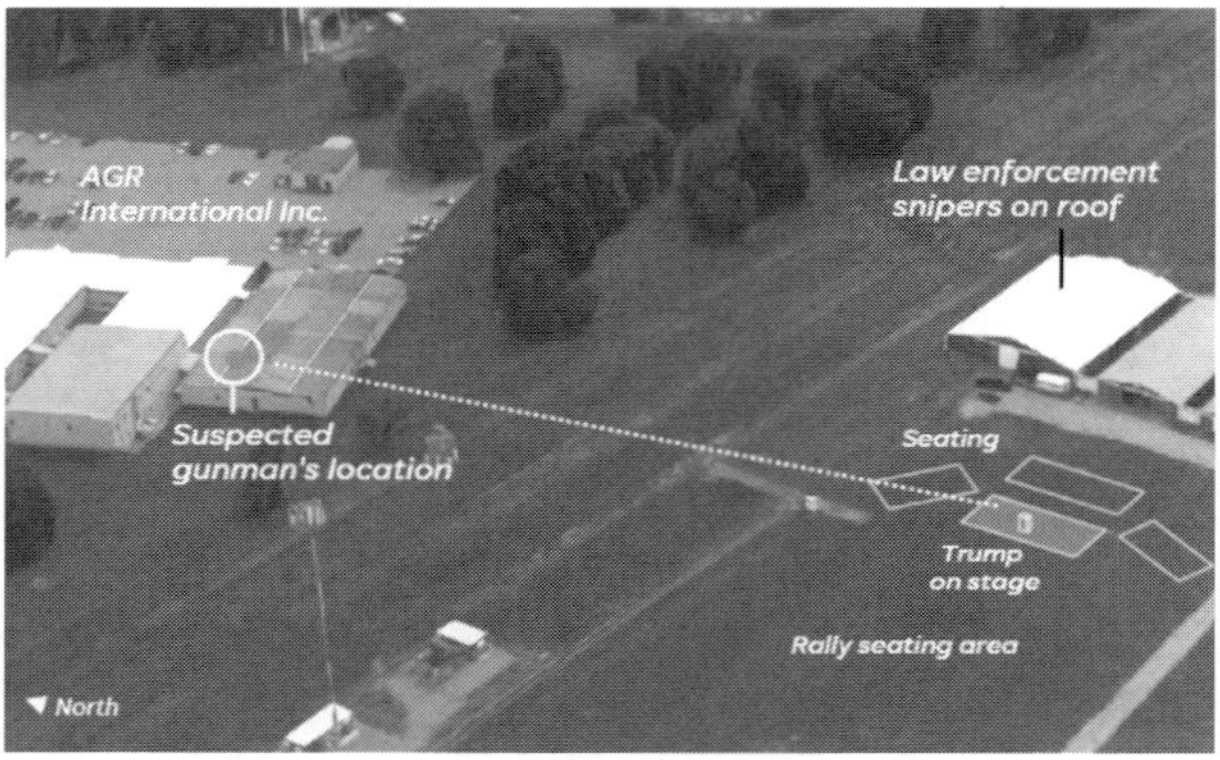

ビルの屋根（左）とトランプの演壇の位置

たことがわかる。

そうした指示が出ていないことから、トランプにスピーチを続行させたかった強い意志があったのではないかと疑われる。この事件は「未必の故意」の可能性が極めて高いのである。

第4節 トランプ暗殺未遂事件の怪：怪しい株取引？

事件前に大量の米国航空株を空売り

ＦＢＩは、クルックス単独犯行説を取っている。しかし、この事件の発生を知っていたものがいることはほぼ確実である。それが組織的犯行の高い可能性を示している。

大きな事件が発生すれば株式市場が動く。もちろん事件に直接的な影響を受ける会社の個別株も動く。事件発生をあらかじめ知っていれば、巨利を得ることができる。実際に過去の事件でもそうした事象が多々あった。

典型的な例は、９・11事件前の航空株を巡る売買である。日本ではほとんど知られていないが、何者かが事件発生前に、複数の米国航空株に大量の空売りを掛けていた。

航空機がハイジャックされて起こされた事件であるから、民間航空会社の株価が大きく下がることは確実である。もちろん、株価急落が予想されるのは航空会社だけではない。大手保険会社あるいは世界貿易センターに本社を構える会社（ビル崩壊で壊滅的打撃を受ける会社）も株価が下がることは間違いない。

９・11事件後に発表された米国政府報告書（９・11調査委員会レポート）はアルカイダ単独犯行説を取っているが、その結論を額面通りに受け取るものは少ない。多くの物理学者が、３つの高層ビル（航空機の衝突で崩壊した２つの世界貿易センタービル、火事だけで崩壊した隣接の№.７ビルディング）の瞬時の崩壊は計画破壊（Controlled Demolition）でしかあり得ないと主張している。

さらに株取引にからむ金融犯罪の専門家は、事件前の数日間に不自然な大量の空売りがあったことを突き止めている。経験的に通常の空売り量は個別銘柄毎にわかっている。ところが９・11事件の数日前から、事件後に急激な株価下落が予想される会社の株だけに大量の空売り発注があった。

ユナイテッド航空、アメリカン航空、英国航空などの航空株、再保険の大手であるミュンヘン再保険会社（ドイツ）、世界貿易センタービル内あるいは近隣のビルに本社のあったモルガンスタンレー証券やメリルリンチ証券などが、空売りのターゲットにされていた。[*1]

２０２３年10月６日、ハマスによるイスラエル領侵攻があった。この時にも不自然な空売りがテルアビブ株式市場であった。特に目立ったのがレウミ銀行（Bank Leumi）株の空売りだった。

大きなテロ事件が起きる前に、株の大量空売りがいつも起きてきたことは周知の事実であった。それだけに、ハマスのイスラエル領侵攻事件でもそれが起きているはずだと調査した２人の学者がいた。ロバート・ジャクソン（ニューヨーク大学）とジョシュア・ミッツ（コロンビア大学）である。

２人は、２０２３年12月４日、調査の結果を論文（論文名「Trading on Terror」（テロで儲ける株取引）にまとめて発表した。[*2] 左の表は、同論文に掲載されたイスラエル市場インデックスファンド株（ニューヨーク株式市場：銘柄コードＥＩＳ）に対する空売り量の推移である。事件直近の２０２３年10月２日の極端な空売りの増加は、何者かが事件発生後のイスラエル市場の暴落を事前に知っていたことを窺わせる。[*3]

筆者は、ハマスによるイスラエル領侵攻がイスラエルによる偽旗作戦であると疑っている。イスラエル内部情報にアクセスできる人間の関係者あるいは関係組織による空売り注文だったのではなかったか。

主要メディアは、空売りを仕掛けたのはハマス関係者であると解説している。もちろん彼らはその根拠は示さない。

予想された通り、トランプ暗殺未遂事件でも、その直前に何者かが大量の空売りをある銘柄にかけていた。空売りの対象となったのはトランプのソーシャルメディアであるツルース・ソーシャルの親会社トランプ・メディア&テクノロジー（ＤＪＴ）だった。ＤＪＴに対してテキサスの投資会社オースチン・プライベイト・ウェルスが、事件前日の7月12日、１２００万株の空売りを発注していた。*4

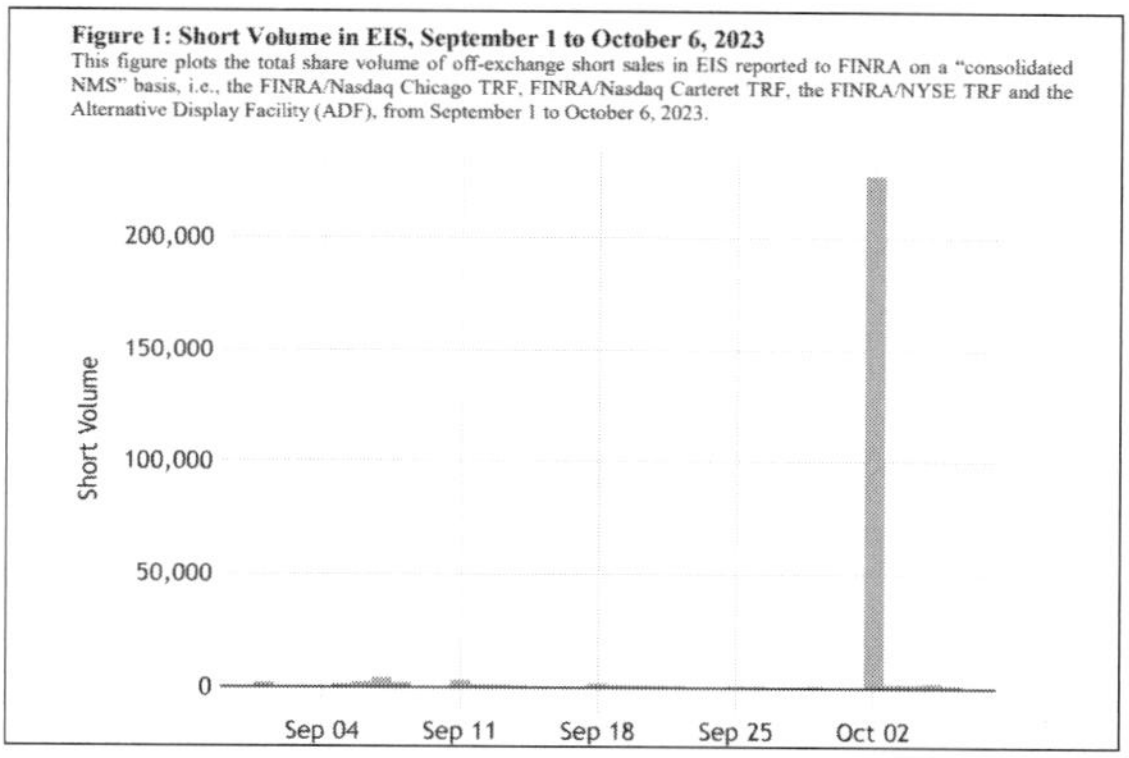

ｉシェアーズＭＳＣＩイスラエルＥＴＦ（ＥＩＳ）の急激な空売りを示すグラフ
（『MILANO FINANZA』2023年12月７日）

トランプ暗殺の計画、それも実行の日まで知っていれば、トランプが暗殺されれば株価が下がることが確実な銘柄に空売りをかけたくなる。オースチン・プライベイト・ウェルスは、恥ずかしげもなく暗殺未遂事件の起きる直前に誰もが怪しむであろう行動を取った。

ツルース・ソーシャルは、旧ツイッターがトランプのアカウントを永久閉鎖したことを契機にしてトランプが立ち上げた呟きメディアである。トランプの呟きが事業の中心だけに、トランプが暗殺されれば親会社ＤＪＴ株は暴落する。何者かが、暗殺事件を知っていたのは確実である。

暗殺が未遂に終わると、オースチン・プライベイト・ウェルスは、「発注は桁数を間違えた入力であった。実際の発注量は１２００株にすぎない」と主張した。なぜか誤発注の弁明がお咎めなしで通ってしまっている。誤発注であっても責任を取らせるのが証券取引委員会（ＳＥＣ）の監督官庁としての役割だと思うが、本書執筆時点ではペナルティを課していない。

オースチン・プライベイト・ウェルスの主要株主はジョージ・ソロス系のバンガード、そしてグローバリストの巨魁ラリー・フィンクの運営するブラックロックという２つの巨大資産運用会社である。

とりわけ、ブラックロックは、レイセオン、ロッキード・マーチン、ボーイング、ノースロップ・グラマンといった軍産複合体企業株を大量に所有している。[*5]

世界の紛争を物理的戦争でなく外交交渉で解決しようと努力するトランプは、軍産複合体企業にとっては「敵」である。オースチン・プライベイト・ウェルスの怪しい空売り発注は、単なる誤発注ではないだろう。そう考えるのが常識的判断である。

＊１　https://truthout.org/articles/911-terrorists-made-millions-on-the-stock-market/

＊２　https://www.voltairenet.org/IMG/pdf/ssrn-id4652027.pdf

＊３　https://www.peoplesworld.org/article/someone-knew-stock-traders-made-millions-short-selling-before-oct-7th-hamas-attacks/

＊４　https://www.news.com.au/finance/money/investing/investment-firm-says-massive-short-of-truth-social-stock-before-trump-shooting-was-filed-in-error/news-story/8f9886b3ecf6f1c53d7ad3b737387d2a

＊５　https://projectavalon.net/forum4/showthread.php?123417-BlackRock&s=41178e0eb818b8898dec611d79da92c5

第5節　暗殺未遂犯クルックスとブラックロックの接点

ブラックロックのイメージ広告に登場

怪しい空売りを行った投資会社オースチン・プライベイト・ウェルスとブラックロックの間には濃密な資本関係があった。その一点だけでもブラックロックは、トランプ暗殺計画を知っていたのではないかと疑うことは自然である。

ブラックロックの怪しさはここで終わらなかった。米国あるいはカナダでは成績優秀な高校卒業生には1000ドルから2000ドル程度の奨学金が、篤志家あるいは企業家からの寄付金をもとに拠出される。ブラックロックもそうした寄付金を出していた。多くの企業が、奨学金の提供で社会貢献をアピールする。

ブラックロックは、ペンシルバニア州の田舎町にあるベーテルパーク高校にもそうした寄付をしていた。同高校卒業者の学ぶ姿を撮影し、企業広告用プロモーションビデオにして放映していた。

暗殺未遂犯人マチュー・クルックスはベーテルパーク高校卒業生（２０２２年卒）であり数学の成績優秀者として奨学金を受けていた。[*1] そしてブラックロックの企業イメージ広告に登場していたのである。左のイメージは、当該イメージ広告に登場していた暗殺未遂犯人クルックスの映像（丸囲み内の人物）である。[*2] 現在、ブラックロックはこの広告を停止している。

ブラックロックの広告に登場するクルックス

異常な数量の空売りをトランプ所有の会社にかけ、さらには暗殺未遂犯人を企業広告に登場させていた。それがブラックロックなのである。何か怪しいと感じるのが常識人の感覚である。

ブラックロックはグローバリスト企業の総本山である。彼らは、支配する会社の広告出稿を差配することでメディアをコントロールする。それだけでなくメディア会社そのものの株を大量に保有する。保守系と見なされているフォックスニュースでさえ主要株主として君臨する。

金融情報に特化する情報メディア『ＦＩＮＴＥＬ』は２０

23年2月1日、ブラックロックがあらたにFOX株4574万株を買い増し、15・1％を所有する大株主になったと報じている。[*3] FOXは、大手メディアの中でも、トランプに好意的だが、それでも唐突に民主党寄りの主張が現れることがある。大株主ブラックロックへの配慮であろう。

民主党推し一辺倒の記事を垂れ流すメディアがほとんどだが、その一つに『ニューズウイーク』がある。暗殺未遂事件の2日後の7月15日、「クルックスが、ブラックロックの広告に登場していることを同社が認め、当該広告を停止した」と報じた。しかし、その一方で、「2年前のブラックロックの広告にクルックスが登場していたことと、暗殺未遂事件と何らかの関連があるという推測は、全く根拠がない」と結論付けた。[*4] しかし、「全く根拠がない」という根拠は示していない。

全体主義化に邁進する自民党

ブラックロックCEOラリー・フィンクは、グローバリストの総本山・世界経済フォーラム（WEF）の有力理事の一人である。理事には日本からも一人選出されている。竹中平蔵である。彼がグローバリストの尖兵として日本の社会インフラを破壊し、ブラックロックに代表される国際金融資本の日本市場へのアクセスを容易にしていることはよく知られている。

岸田政権は、国民に諮（はか）ることなくＷＥＦの方針を積極的に政策に落とし込んでいた。２０２３年10月５日、岸田首相は世界規模の投資家グループとの夕食会に臨んでいる。同日付『日本経済新聞』は次のように報じている。[*5]

「岸田文雄首相は５日、都内の迎賓館で世界の機関投資家らとの夕食会に出席した。米資産運用大手ブラックロックが主催した。同社のラリー・フィンク最高経営責任者（ＣＥＯ）など国内外のおよそ20機関のトップらと意見交換した」

「首相は日本のコーポレートガバナンス改革などの取り組みを紹介し、日本への投資を呼びかけた」

２０２４年のＷＥＦ会議（ダボス会議）は、岸田首相の夕食会の２カ月後の２０２４年１月15日から19日に開催された。河野太郎デジタル相も参加し、６つのセッションに登場した。[*6]自民党は、世界経済フォーラムに積極的に参加し、米民主党とともに日本のグローバル化つまり全体主義化に邁進している。

＊1　National Math & Science Initiative Star Awards
https://www.the-sun.com/news/11928355/thomas-crooks-blackrock-commercial-trump-assassination/

＊2　https://nypost.com/2024/07/15/us-news/blackrock-pulls-ad-that-featured-trump-shooter-thomas-matthew-crooks/

＊3　https://www.nasdaq.com/articles/blackrock-increases-position-in-fox-corporation-foxa

＊4　https://www.newsweek.com/donald-trump-assassination-attempt-biggest-conspiracies-so-far-1925401

＊5　https://www.nikkei.com/article/DGXZQOUA0578F0V01C23A0000000/

＊6　デジタル庁広報チャンネル２０２４年1月23日付
https://www.digital.go.jp/news/404cfb6e-0f4e-4503-9c7d-4b7d6cf11882

第6節　ＦＢＩの暗殺未遂事件隠蔽工作

クルックス単独犯行説で押し通す

ＦＢＩそしてシークレット・サービスは、ワシントン議会でその失態を追及された。ワシントン議会は、複数の委員会が関係者に証言を求めた。その一つがシークレット・サービス長官キンバリー・チートルを結果的に辞任に追い込んだ下院政府監視委員会であった。下院政府監視委員会だけでなく、下院法務委員会もＦＢＩ長官クリストファー・レイに証言させた。

マイク・ケリー

２０２４年8月26日、下院議長マイク・ジョンソンは、こうした既存の委員会とは別に暗殺未遂事件調査委員会を発足させると決めた。共和党議員7、民主党議員6の構成で委員長は、マイク・ケリー議員（共和党）である。ケリー議員はペンシルバニア州選出議員で、事件の起きたバトラー郡を選挙区に持つ。調査委員会は２０２４年12月13日までに最終レポートを報告する。

従前からトランプ支持の立場を取っていたマイク・ケリーは、暗殺未遂が起きたとき、その現場にいた。自身の選挙区でのトランプ演説会であるだけに当然である。トランプの右耳上部を銃弾が引き裂いたとき、ケリーはトランプからわずか15メートルの距離にいた。

民主党の筆頭委員はコロラド州選出の、ジェイソン・クロウである。クロウは陸軍レンジャー部隊に所属し、アフガニスタンそしてイラクでも戦った経験がある。その経験の故か、彼は、「今回の調査には政党は無関係。わが国では政治暴力は許されない」と、民主党議員らしからぬ発言をしている。少なくとも、調査委員会の妨害を「積極的に」することはないだろう。

ケリー委員長は、拙速な調査はしない、じっくりと真相に迫ると語っている。しかし、ＦＢＩは、クルックス単独犯行説で押し通すつもりである。ＦＢＩは、「クルックスは外部の人物との接触がほとんどない。彼の携帯電話には、他者との接触の記録がない」と説明している。孤独なサイコパスによる犯行にしたいのである。しかし、それが嘘であるらしいことはすでに露見している。

ＦＢＩとの関係が疑われる人物が犯人と接触

ＦＢＩは知らなかったようだが、保守系シンクタンクであるヘリテージ財団が、ＦＢＩとの関係が疑われる人物が、クルックスと早い時期から接触していたとX上で公開したのである。ヘリテージ財団は、「企業・個人の活動の自由、小さな政府、伝統重視、国防強化」を目標に掲げて、１９７３年に設立された保守系シンクタンクである。この財団は、調査部門である政府監視プロジェクト（Oversight Project）を持っている。

政府監視プロジェクトを設けた理由をヘリテージ財団は次のように説明している。

「責任ある政府、説明責任を果たす政府、国民のための政府を作るために政府監視プロジェクトは行動する」

「本プロジェクトは、情報公開法などの手段を用い、政府組織の透明性を高め、ワシントン議会の監視機能をより効果的にすることを目的とする」

政府監視プロジェクトは犯人クルックスの行動記録を調べ上げ、次のように書いている。

「暗殺未遂犯人の携帯電話などに残された記録を丁寧に分析した。そしてこの犯人及び彼と接触のあった人物の残したデータを読み解いた」

「調査した（携帯電話などの）機器を使って暗殺未遂犯人の行動を追った」

その結果は、暗殺未遂犯人クルックスの行動は、どう考えてもFBIが言うような頭のいかれた孤独な若者のものとは考えられないというものであった。彼の情報端末データから、7月4日そして8日の2度にわたって自宅のあるベーテルパークから事件のあった町バトラーに行っていたと明らかにした。

このことは、ヘリテージ財団政府監視プロジェクトが何らかの方法で、クルックスの行動記録を示すデータにアクセスできていることを示唆している。さらに政府監視プロジェクトは、クルックスの行動追跡だけでなく、彼を頻繁に訪れていた人物（共犯の可能性あるいは犯罪教唆の可能性のある人物）の行動まで突き止めていた。

ある人物が、クルックスのもとを訪れていたこと、その人物の行動記録から、ワシントン市内のFBIオフィス近くにあるビル（Gallery Place）に出入りしていたこと、そして、それが2023年6月26日であったことも明らかにした。

ヘリテージ財団政府監視プロジェクトは、2024年7月22日、こうした調査内容の一部を明かしたうえで、次のようにX上で書いている。

「私たちは、まともな調査機関となら協力する用意がある。情報を提供できる。私たちは情報提供者を保護するために、ワシントン議会の調査委員会には情報提供しない。議会の調査委員会は、ＦＢＩ、シークレット・サービスなどの組織と（裏で）つながっている形跡がある」

「読者のなかに何らかの情報を持っている方がいるかもしれない。ヘリテージ財団政府監視プロジェクトのアドレスにコンタクトしていただきたい」

政府監視プロジェクトは、いかにして犯人クルックスや彼を訪れた人物の位置情報にアクセスできたかについては明らかにしていない。政府監視プロジェクトが、ＦＢＩを疑っているのはもちろんだが、議会をも疑っている。

政府監視プロジェクトの狙いは、ＦＢＩに対して「でたらめが過ぎれば、手持ちの情報を小出しにしていきますよ」という牽制である。

「射殺現場の保存がわずか3日で解除されていた」

ＦＢＩへの疑い、つまり暗殺未遂事件にＦＢＩ自身の関与があったのではないかという疑念が渦巻く中で、それをさらに深める事件があった。２０２４年8月12日、下院調査委員会メンバーの一人であるクレイ・ヒギンス議員（ルイジアナ州共和党）が、マイク・ジョンソン下院議長宛てに暫定調査報告書を提出した。[*1] ヒギンス議員は州兵部隊の軍警察を経験しているだけに、犯罪現場調査には詳しい。

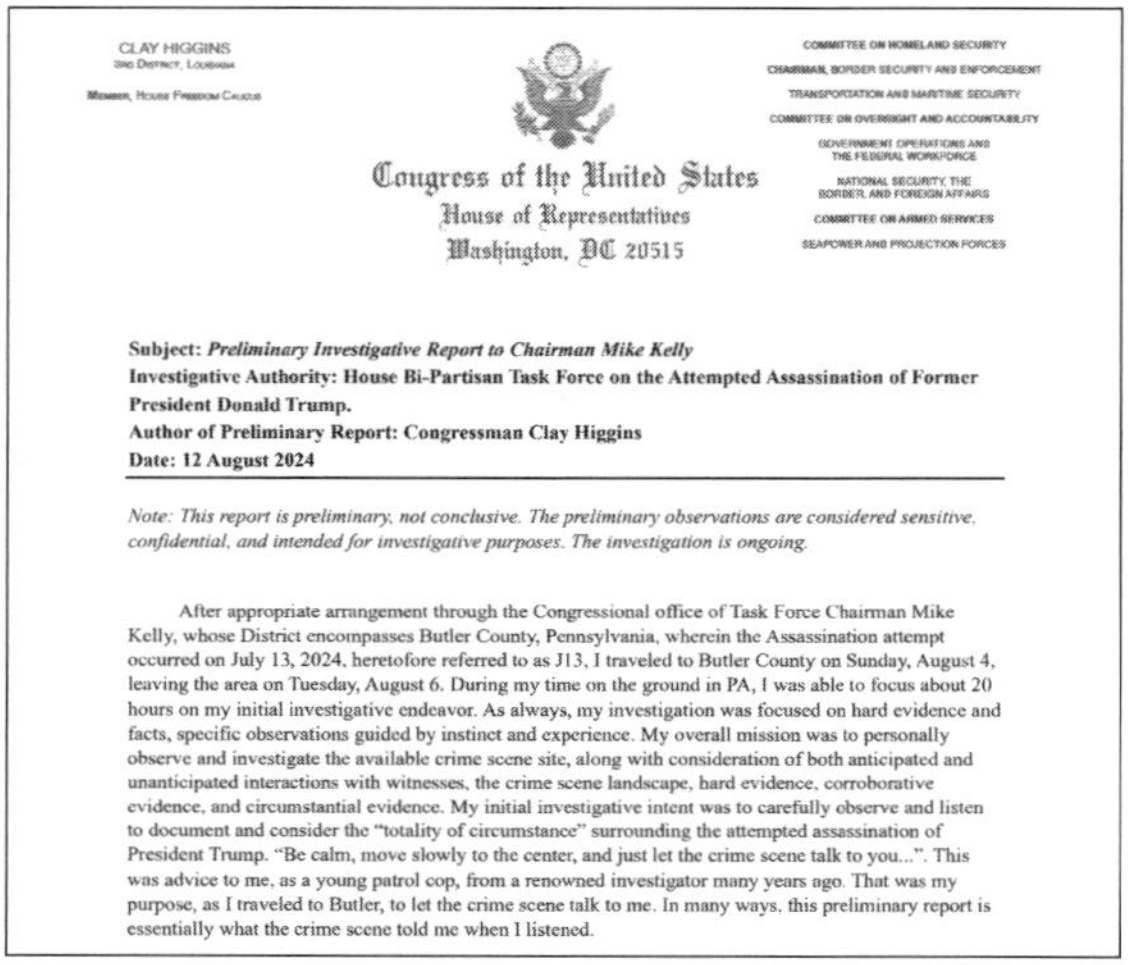

CLAY HIGGINS
3RD DISTRICT, LOUISIANA

MEMBER, HOUSE FREEDOM CAUCUS

Congress of the United States
House of Representatives
Washington, DC 20515

COMMITTEE ON HOMELAND SECURITY
CHAIRMAN, BORDER SECURITY AND ENFORCEMENT
TRANSPORTATION AND MARITIME SECURITY
COMMITTEE ON OVERSIGHT AND ACCOUNTABILITY
GOVERNMENT OPERATIONS AND THE FEDERAL WORKFORCE
NATIONAL SECURITY, THE BORDER, AND FOREIGN AFFAIRS
COMMITTEE ON ARMED SERVICES
SEAPOWER AND PROJECTION FORCES

Subject: ***Preliminary Investigative Report to Chairman Mike Kelly***
Investigative Authority: House Bi-Partisan Task Force on the Attempted Assassination of Former President Donald Trump.
Author of Preliminary Report: Congressman Clay Higgins
Date: 12 August 2024

Note: This report is preliminary, not conclusive. The preliminary observations are considered sensitive, confidential, and intended for investigative purposes. The investigation is ongoing.

After appropriate arrangement through the Congressional office of Task Force Chairman Mike Kelly, whose District encompasses Butler County, Pennsylvania, wherein the Assassination attempt occurred on July 13, 2024, heretofore referred to as J13, I traveled to Butler County on Sunday, August 4, leaving the area on Tuesday, August 6. During my time on the ground in PA, I was able to focus about 20 hours on my initial investigative endeavor. As always, my investigation was focused on hard evidence and facts, specific observations guided by instinct and experience. My overall mission was to personally observe and investigate the available crime scene site, along with consideration of both anticipated and unanticipated interactions with witnesses, the crime scene landscape, hard evidence, corroborative evidence, and circumstantial evidence. My initial investigative intent was to carefully observe and listen to document and consider the "totality of circumstance" surrounding the attempted assassination of President Trump. "Be calm, move slowly to the center, and just let the crime scene talk to you...". This was advice to me, as a young patrol cop, from a renowned investigator many years ago. That was my purpose, as I traveled to Butler, to let the crime scene talk to me. In many ways, this preliminary report is essentially what the crime scene told me when I listened.

ヒギンスによる暫定調査報告書

ヒギンスは地元警察警備関係者の聞き取り調査を行い、クルックスが射殺された現場も訪れた。その結果をジョンソン議長に報告したのである。報告書には、地元警察そして警備関係者が極めて協力的であった一方、ＦＢＩが、証拠隠滅行為を続けてきたと報告した。

まず、射殺現場の保存がわずか３日で解除されていたことである。報告書は次のように書いている。

「射殺現場の保存がわずか３日で解除されていたことに誰もが驚いていた。（中略）ＦＢＩは、下院による調査員会が設置されることをわかっていた。ＦＢＩは現場を保存しないことで調査委員会の調べを妨害することになることをわかっていたはずである。ＦＢＩは生物学的証拠を犯罪現場から洗い流してしまっていた。捜査の常識からは考えられないことである」

さらにヒギンス議員が驚いたのは、クルックスの遺体が既に火葬されていたことである。これについては次のように報告されている。

「８月５日、私はクルックスの遺体を検分しようとした。ここでＦＢＩとひと悶着あった。ＦＢＩが、事件のわずか10日後の７月23日に、遺体の火葬を許可していたことがわかったのである。この事実をバトラー郡検視官も地元警察関係者もこの日（８月５日）まで知らなかった。（中略）遺体の火葬で、遺体検案書と実際の遺体と照合することができなくなった。検案書の正確性を検証することが不可能になったのである」

暗殺未遂犯が射殺された屋根には、大量の血が流れていた。この血痕も重要な証拠である。たとえばクルックスが何らかの薬物を使用していた可能性があるからだ。土葬が普通のアメリカで事件後すぐに火葬が許可されたのは、血液検査をさせたくなかった可能性がある。

ＣＩＡは、１９５０年代から60年代にかけてＭＫウルトラ計画を進めていた。薬物を利用してマインドコントロールする実験を進めていた。そうした過去があるだけに暗殺未遂犯人が、何らかの薬物を使用していた可能性はある。より正確に言えば、薬物を使用させられていた可能性である。

ＦＢＩが何かを隠そうとしていることは疑う余地はない。現在のＦＢＩ長官はクリストファー・レイである。２０１７年にトランプが指名した。そうでありながら司法を武器化するバイデン政権の尖兵となってトランプ追い落としを謀るような恣意的とも思える捜査を指揮してきた。

キャッシュ・パテル

本書執筆時点（２０２４年11月）では、トランプは彼をどう処遇するか明かしていない。ＦＢＩ長官の任期は10年である。レイは第２次トランプ政権になっても居座るつもりである。しかし、トランプは、レイの何らかの違法行為を見つけるに違いないと思っている。そのうえで、レイを解任あるいは辞任に追い込むのではないかと思っている。

ここまで書いたところで、トランプがＦＢＩ長官候補にキャッシュ・パテルの名が挙がってきた。[*2]

２０１６年選挙では、民主党そしてヒラリー・クリントンが仕掛けたロシアゲート事件があった。彼らの仕掛けた偽情報をベースに、司法省（ＦＢＩ）は、トランプの選挙キャンペーンスタッフを捜査対象にしていた。このような司法の武器化に対抗した人物の１人がパテルであった。彼は、トランプの盟友の１人でデヴィン・ニュネス下院議員（カリフォルニア州）の有力スタッフとして司法省の暴走を暴露した。

彼の活躍を見たトランプは、彼を自身のＳＮＳプラットフォームであるツルース・ソーシャルの役員に抜擢した。言うまでもなく彼はディープステイトの敵である。彼の名が噂されると、たちまち彼らから「パテルは危険人物だ。ＦＢＩの伝統を破壊する」などとする中傷の言葉が浴びせられている。その事実こそが、パテルの優秀さを示している。

彼がＦＢＩ長官になるには、まずレイ現ＦＢＩ長官の解雇ないしは辞任、そして上院の承認が要る。パテルがＦＢＩ長官の座に就けるか、まだ予断を許さない。

いずれにせよ、司法の腐敗が是正できなければトランプの改革は骨抜きになる。ＦＢＩ長官人事からは目が離せない。

＊1　https://clayhiggins.house.gov/wp-content/uploads/2024/08/Preliminary-Investigative-Report-8.12.24.pdf

＊2　https://www.newsweek.com/trump-fbi-director-kash-patel-rogers-paxton-1989318

第7節

トランプの振る舞いの衝撃：覚醒したザッカーバーグ

世界の歴史を変えた暗殺事件

歴史家として、これまで多くの暗殺事件や暗殺未遂事件について自著に書いてきた。セオドア・ルーズベルト大統領の遊説中の暗殺未遂事件（１９１２年10月）、第１次世界大戦のきっかけとなったオーストリア皇位継承者フェルディナンドの暗殺（１９１４年6月）、大久保利通の紀尾井町での暗殺（１８７８年5月）、李鴻章の下関での暗殺未遂事件（１８９５年3月）、伊藤博文のハルビンでの暗殺（１９０９年10月）。他にもあるがこれだけにしておく。

こうした事件がその後の世界の歴史を大きく変えた。歴史家としては暗殺事件あるいは暗殺未遂事件の背景をしっかり理解したうえで、その後の歴史の流れの変化を捉えなくてはならない。

銃撃後、拳を突き上げるトランプ（ＡＦＰ＝時事）

２０２４年７月13日、筆者は暗殺未遂事件の起きたペンシルバニア州バトラーのトランプラリーの中継をリアルタイムで見ていた。複数の銃声が聞こえると同時に、スピーチを続けていたトランプが、演台の床に倒れこんだ。彼の体をシークレット・サービスが覆った。私は「殺られた！」と思った。

２０２４年大統領選挙戦はトランプ圧勝の世論調査が続いていて、一部調査では、獲得選挙人数は過半数の２７０を大きく超え、３５０に近づいているとも報じられていた。筆者は従前から、共産党も顔負けの極左全体主義政党・民主党そして彼らを操るディープステイトらが、暗殺も視野の入れた妨害工作を仕掛ける可能性に言及していた。

倒れこんだトランプが、シークレット・サービスに囲まれて立ち上がった姿を認めたときには、心が熱くなった。立ち上がったトランプは彼を囲むシークレット・サービスを少しばかり押しのけて、拳を宙に向けて突き上げた。そして、「Fight,Fight,Fight」と3度繰り返したのである。狙撃されてからわずか数秒間の出来事であったが、私の脳裏にはこの一連のシーンがしっかりと刻まれている。彼の無事を確認したときの安堵感は今も鮮明に心に残る。

ザッカーバーグの変化

私と同じようにトランプの振る舞いを見ていた男がいた。トランプを支持する者にとっては、最低の人物の一人、フェイスブック（現Ｍｅｔａ）のＣＥＯマーク・ザッカーバーグである。典型的なグローバリスト企業の総帥らしく、アメリカファーストのトランプを毛嫌いしてきた。

筆者は、ザッカーバーグの政治への関わりをずっと注視してきた。彼は２０２０年の大統領選挙では、およそ4億２０００万ドルもの巨額資金を、怪しい左翼系ＮＰＯ団体を通じて民主党に寄付した。[*1]

これが、民主党が進めた郵便投票の推進、街角投票ボックスの設置あるいは、地方選挙管理委員会による民主党系人物の積極的採用などの原資となった。彼の資金は、強引な票の取りまとめ行為にも使われた。

バイデン票はそれでも伸びず、最終的にはスイング州で、深夜に開票を中断させたうえ、怪しい郵便投票用紙を持ち込んだり、バイデン票を複数カウントさせたりする数々の違法行為でようやくバイデンを当選させた。バイデンジャンプという言葉も生まれた。集票作業再開後に統計的にはあり得ないバイデン票の唐突の伸びがあった。その異常事態を指す言葉である。

いずれにせよ、ザッカーバーグの２０２０年大統領選挙に投じられた寄付金は民主党の不正行為の原資になっていた。その意味で、史上最低の大統領とも言われるジョー・バイデンの生みの親がマーク・ザッカーバーグなのである。

彼は、バイデンに不利な情報は、フェイスブックから完全に排除させた。ハンター・バイデンの犯罪行為を示すラップトップコンピューターに関わる事件、そしてコロナワクチンの想像を絶する副作用に関わる情報についても、フェイスブックから完全に排除された。

それほど民主党びいきであったザッカーバーグも、２０２４年選挙では民主党への寄付を止めニュートラルの立場を取った。

ザッカーバーグが、ブルームバーグのインタビューを受けたのは、暗殺未遂事件の５日後の２０２４年7月18日であった。彼は私と同じように、トランプの暗殺未遂事件の様子を見ていた。彼はその衝撃を語った。[*2]

「僕は、ドナルド・トランプが顔を撃たれた後、立ち上がりその拳を突き上げる姿を見た。そこにははっきりと星条旗も見えた」

「私の人生の中で見た最高に格好いいシーンの一つだった」

英語原文は以下の通りである。

“Seeing Donald Trump get up after getting shot in the face and pump his fist in the air with the American flag is one of the most badass things I've ever seen in my life,”（傍線筆者）

ザッカーバーグも筆者同様に目頭を熱くしたのではなかったか。傍線部の単語「badass」は私の世代では使わない単語である。Bad（悪い）とAss（けつ）の組み合わせ造語なので「酷い」とか「嫌な」を意味する。しかし、現代の若者言葉では、「超格好いい！」を意味するらしい。より正確にいえば「やばい」という単語に近いのかもしれない。

トランプがあの一瞬に、顔をわずかばかり動かさなかったら右こめかみか右頭部を弾丸が貫通していた。あの時トランプは狙撃犯がたちまち射殺されたことも知らない。他にも彼の命を狙う暗殺者が潜んでいる可能性もあった。それでも自身の命を顧みず、「Fight, Fight, Fight」と叫び、全体主義勢力への抵抗を呼び掛けた。

頭が、グローバリズム全体主義あるいはフランクフルト学派的左翼思想（文化マルクス主義）に汚染されていなければ、トランプの振る舞いに、心を打たれるはずである。ゴリゴリのトランプ嫌いのグローバリストのザッカーバーグでさえも「スゲェ格好いい」と感じたのである。彼はその感情を素直に吐露した。

筆者は、ザッカーバーグのインタビューでの表情を観察したが、左翼思想の魔力から解き放された穏やかな人間の顔に変化しているように感じられた。

バイデンファミリーの腐敗と政権の検閲を告白

インタビューからしばらく経った8月26日、ザッカーバーグはMeta CEOの肩書で、ある文書を、下院法務委員会委員長ジム・ジョーダンに提出した。

そこにはバイデン政権による驚くべき検閲の実態が書き込まれていた。そして自身もフェイスブックのスタッフも、バイデン政権の圧力に負け、検閲に協力してしまった、と懺悔していた。

バイデン・ホワイトハウスを含む政府組織が、コロナの病やワクチン副反応問題、ハンター・バイデンのラップトップ問題について徹底的な検閲を要求してきたと告白していた。バイデンファミリーの腐敗は、今では多くの米国民に知られているが、バイデン政権はこうした批判はすべてロシアによる情報工作であると主張し、検閲を命じた。

Meta

1 Hacker Way
Menlo Park, CA 94025
United States

August 26, 2024

The Honorable Jim Jordan
Chairman
Committee on the Judiciary
United States House of Representatives
2138 Rayburn House Office Building
Washington, D.C. 20515

Chairman Jordan:

I appreciate the Committee's interest in content moderation on online platforms. As you are aware, Meta has produced thousands of documents as part of your investigation and made a dozen employees available for transcribed interviews. Further to our cooperation with your investigation, I welcome the opportunity to share what I've taken away from this process.

ザッカーバーグの提出した文書

世論調査では、バイデン一族の腐敗を知っていたらバイデンに投票していなかったという有権者の数は、僅差の選挙結果を覆すほどに多かった。それだけに、フェイスブックがバイデンファミリー腐敗のニュースをプラットフォームから排除したことは、大きな問題だった。

「私は政府による検閲は間違っていると考える。検閲を求められたときにもっとはっきりと事を公にすべきだった。（中略）今後は、スタッフ一丸となって、検閲要求をきっぱりと拒否する」

バイデン政権の生みの親の一人ザッカーバーグは、2024年選挙では、ニュートラルな立場を取り、民主党には寄付はしない、と明言した。

筆者は、ザッカーバーグの「覚醒」は本物だと考えているが、彼を疑うものは多い。2020年選挙の混乱に大きな責任があるザッカーバーグを許せない感情は強い。私が、彼の覚醒を本物ではないかと感じる理由は他にもある。

彼はバイデン政権の検閲要求を暴露することで、民主党から、そして同党を支持するグローバリスト企業（軍産複合体、大手製薬会社等）から嫌われることを覚悟したと思うからである。民間企業の経営者にとって政府に嫌われることは死活問題である。政府の政策が間違っていると考えても逆らいたくない心理が働く。

バイデン政権は、その全体主義的政策とりわけ言論統制政策を批判され、多くの裁判を抱えている。ザッカーバーグの政府による検閲要求の告白は、そうした裁判でバイデン政権をひどく不利にする。ザッカーバーグは、バイデン政権つまり民主党との対峙を決めた。これが、筆者がザッカーバーグの心変わりが本物であると考えるもう１つの理由である。

＊１　https://nypost.com/2021/10/13/how-mark-zuckerberg-helped-dems-sway-the-2020-election/
＊２　https://nypost.com/2024/07/19/business/mark-zuckerberg-calls-trumps-reaction-to-assassination-attempt-badass/

第8節

ザッカーバーグの心変わりは本物か

反デジタルヘイトセンターによる「認定」

前節で書いたようにバイデン政権は、いくつかの裁判を抱えている。彼らの政策が言論の自由を保障する憲法修正第1条違反だとされ、被告となっている。その一つが、ロバート・ケネディ・Jr.らが2023年3月に提訴した裁判である。

前年の2022年10月には、ミズーリ州がバイデン大統領以下政権幹部官僚を提訴している。次頁にミズーリ州が提出した訴状の冒頭部分を示した。

ミズーリ州訴状の144頁に、バイデン政権が実施したソーシャルメディアに対する言論統制（検閲）の本質を示す記述がある。

「（ワクチン接種政策についてだが）アメリカ疾病予防管理センター（CDC）のやり方、そし

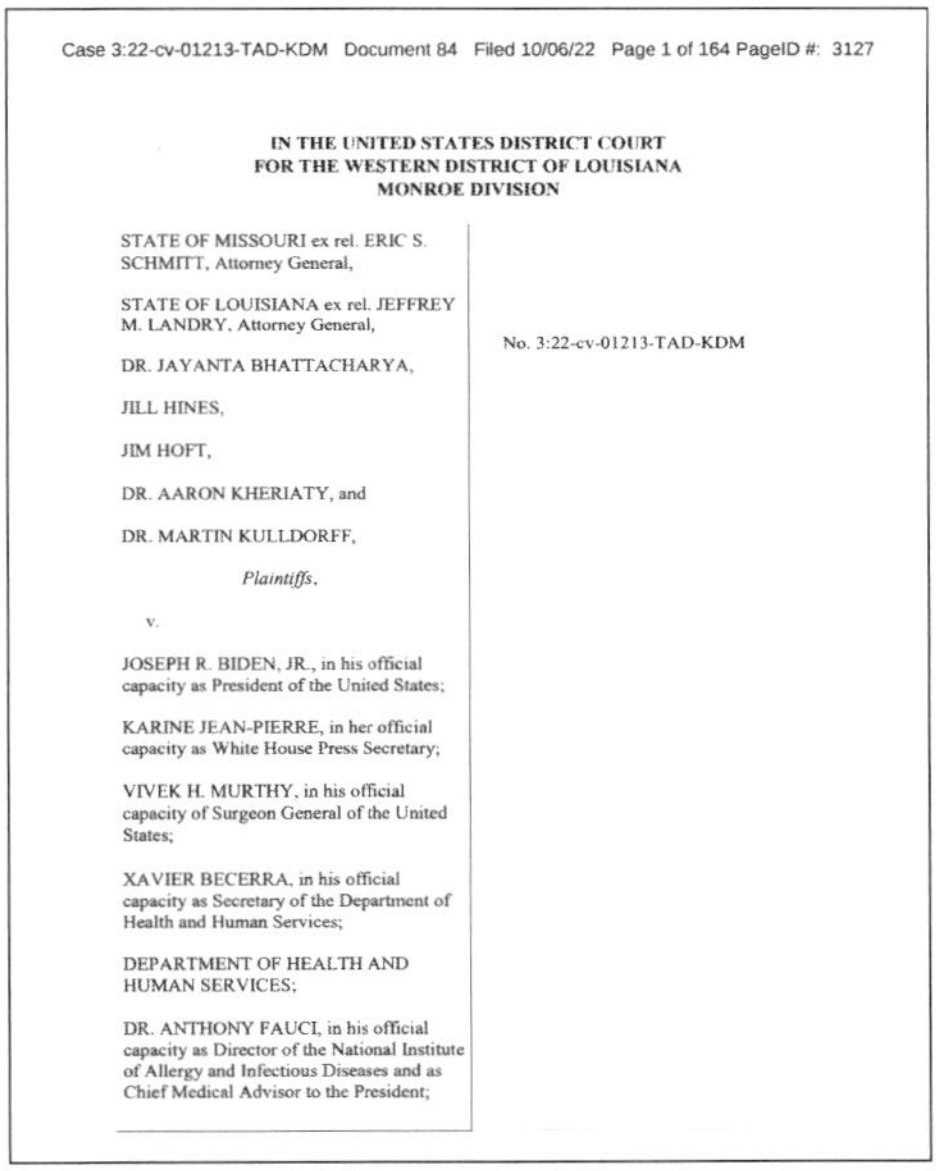
Case 3:22-cv-01213-TAD-KDM Document 84 Filed 10/06/22 Page 1 of 164 PageID #: 3127

IN THE UNITED STATES DISTRICT COURT
FOR THE WESTERN DISTRICT OF LOUISIANA
MONROE DIVISION

STATE OF MISSOURI ex rel. ERIC S. SCHMITT, Attorney General,

STATE OF LOUISIANA ex rel. JEFFREY M. LANDRY, Attorney General,

DR. JAYANTA BHATTACHARYA,

JILL HINES,

JIM HOFT,

DR. AARON KHERIATY, and

DR. MARTIN KULLDORFF,

Plaintiffs,

v.

JOSEPH R. BIDEN, JR., in his official capacity as President of the United States;

KARINE JEAN-PIERRE, in her official capacity as White House Press Secretary;

VIVEK H. MURTHY, in his official capacity of Surgeon General of the United States;

XAVIER BECERRA, in his official capacity as Secretary of the Department of Health and Human Services;

DEPARTMENT OF HEALTH AND HUMAN SERVICES;

DR. ANTHONY FAUCI, in his official capacity as Director of the National Institute of Allergy and Infectious Diseases and as Chief Medical Advisor to the President;

No. 3:22-cv-01213-TAD-KDM

ミズーリ州の訴状

てバイデン政権のワクチン政策に異議を唱える内容を含むツイッターやユーチューブ上の意見や動画は、厳しい検閲に晒された。検閲はするが、（何故検閲されるべきかといった）内容については説明されていない。研究論文に基づいて情報を共有する目的であっても（政府の方針と異なれば）、検閲の対象となった」

政府検閲の対象は、もちろんコロナワクチン問題だけではない。基本はバイデン民主党政権の方針と異なる意見すべての封殺である。

ハンター・バイデンのラップトップコンピューターに入っていたバイデン一家の腐敗情報については、当初ロシアによる情報工作であるとバイデン政権は主張した。しかし、結局はロシアの関与はなくラップトップコンピューターに保存されていた外国政府からの賄賂を示す情報は本物であった。それ以来、この案件についての検閲圧力は消えたようだ。しかしワクチン副作用情報については、政府はいまだに過剰に反応している。

米国政府はコロナワクチンについては、何が何でも安全であると主張してきた。河野太郎の物言いはバイデン政権にならったのではないか。

このワクチンは本来の承認プロセスを端折った緊急承認であった。製薬メーカーに後遺症等の事故があった場合の免責特権まで受けている。この事実だけでも、この薬を100%安全であると言い切れないことは常識でわかる。そうでありながら、mRNA新型ワクチンの潜在的危険性を少しでも指摘すれば、危険人物と認定され検閲の対象となった。

民主党系リベラルメディアNPRは2021年5月14日、次のように報じていた。[*1]

「コロナワクチンについて反ワクチン感情を煽る偽情報の65%が、12人の人物から発せられている」（反デジタルヘイトセンターCEOイムラン・アーメド談）

反デジタルヘイトセンター（CCDH）という組織は、ワクチンの潜在的危険性を少しでも扱えば、それが権威ある医学専門家の科学論文であってもすべてヘイトでありデマである、と主張する怪しい団体である。CCDHが、12人を反ワクのデマを流す人物として「認定」し、発表したのは2021年3月24日のことである。

その12人が以下である。[*2]

1. Joseph Mercola
3. Robert F. Kennedy, Jr.
3. Ty and Charlene Bollinger
4. Sherri Tenpenny
5. Rizza Islam
6. Rashid Buttar
7. Erin Elizabeth
8. Sayer Ji
9. Kelly Brogan
10. Christiane Northrup
11. Ben Tapper
12. Kevin Jenkins

ＣＣＤＨは、人物名を特定したうえで、フェイスブックに対して次のように警告した。「フェイスブックは、こうした反ワクチンの人物やグループを野放図にしてはならない」[*3]
要するに、ここに名前を挙げた人物のアカウントを消せと圧力をかけたのである。ザッカーバーグは、こうした圧力に当初はそれなりに抵抗したが、最終的に負けてしまった、と告白したのである。
この告白は、複数の裁判を抱えるバイデン政権には痛手となる。ザッカーバーグの告白は、バイデン政権そしてその背後に控える巨大製薬会社の恨みを買うことは必定である。筆者は、ザッカーバーグがそのことを覚悟したことに注目している。しかしトランプ支持者の多くがザッカーバーグの「心変わり（改心）」をまだ信用していない。
ザッカーバーグのフェイスブックが私の期待通りに言論の自由維持の勢力に加わってくれれば、イーロン・マスクのXとともに自由を守る陣営の強い味方になってくれることは間違いない。

＊1　Just 12 People Are Behind Most Vaccine Hoaxes On Social Media, Research Shows : NPR

＊２　f4d9b9_b7cedc05536047 20b7137f866336 6ee5.pdf (filesusr.com)

＊３　同右　ｐ５

第3章

言論の自由の回復

自由な言論の規制を目論んできた民主党

２０２４年11月の大統領選挙でのトランプの勝利は、米国憲法修正第１条の勝利でもあった。修正第１条の日本語訳は次のようになっている。

第１条修正［信教・言論・出版・集会の自由、請願権］

連邦議会は、国教を定めまたは自由な宗教活動を禁止する法律、言論または出版の自由を制限する法律、ならびに国民が平穏に集会する権利および苦痛の救済を求めて政府に請願する権利を制限する法律は、これを制定してはならない。[*1]

米国、とりわけ民主党は、民主主義の根幹をなす言論の自由をあらゆる方法を使って制限しようとしてきた。為政者は、権力を持った瞬間に言論の自由が鬱陶しくなる。なんとか「屁理屈」をつけて自由な言論の規制を目論んできた。

それが露骨になったのがバラク・オバマ政権であった。

＊１　http://www2.kobe-u.ac.jp/~emaruyam/law/faculty/2019/191023USConstitution.pdf

第1節　言論の自由の制限を煽るおバカ学者

サンスティーンの選民思想

バラク・オバマ大統領がある人事を発表した。ハーバード大学法学部教授キャス・サンスティーンを大統領府情報・規制問題局長に任命したのである。[*1] サンスティーン教授の任命発表が2009年4月20日、上院承認後の2009年9月からその活動を開始した。

この人物は、選民思想に立って論を展開する。自身がユダヤ人であることも彼の思想形成に大きな影響を与えているようだ。彼は、自身が神に選ばれた優れた人物であるとの立場で他者の行動を分析する。

彼の出した結論は、簡単に言ってしまえば「人間という生物は愚かでとんでもない行動を時にする。世界の秩序安定を考えると危険である。愚かな人間に愚かな行動を取らせないためには、言論の自由つまり修正憲法第1条に制限をかけなくてはならない。愚かな人間には『正しい情報』を伝える責任が政府にある」というものである。

彼の主張は、「彼自身そして政府が、常に真に正しい情報を保持していて、心底人々の安寧幸福を願っている善人である」という前提が正しければ成り立つ。しかし、歴史を振り返ればすぐにわかることだが、真理は相対的である。真理は時とともに変わる。絶対的な科学真理であったはずのニュートン力学も、歪(ゆが)んだ空間の下では真理ではなくなった。真理は時代とともに変わること、そうした新しい真理の発見は言論の自由に基づくディベートによって初めて実現する。

ところがサンスティーンは、社会科学にも自然科学にも絶対的真理が存在し、それが固定的であるという間違った前提で理論を構築する。政府（政府官僚組織）が真理を保持していると思い込んでいる。

「人間（国民）は愚かなので、真実（政府的真実）ではない嘘を容易に信じてしまう。従ってより良き人間社会の維持のためには政府は『嘘』を拡散させない義務がある。修正憲法第１条で保障されている言論の自由こそが、嘘つきがよりどころにしている悪行の根源である」

こんなでたらめロジックで言論の自由を制限できるという著作を発表している。ハーバード大学のレベルはこの程度なのである。

サンスティーンが目を付けたのはソーシャルメディアであった。政府の考える「真実」以外の情報拡散は、愚かな国民の行動を誤らせてしまうと主張しているだけに、非「真実」の拡散ツールであるソーシャルメディアは政府のコントロール下におかないといけないと考えた。彼は非「真実」つまり政府の考えとは違う意見を誤情報あるいは偽情報と言い換えている。

サンスティーンは修正憲法第1条を嫌うが、憲法を変えることはそう簡単ではない。だからこの条文に抵触しないようにしながら、政府的「真実」以外の情報に国民を触れさせないようにすればよいと考えた。サンスティーンそして彼の教え子（官僚）は、巨大政府組織を使ってソーシャルメディアに圧力をかけると決めた。

オバマ政権時代に、サンスティーンは官僚たちに愚かな国民に対しては政府的真実だけに触れさせることが正しいと教えた。その教えに忠実な官僚たちは、ソーシャルメディア、具体的に言えばツイッター（現X）、フェイスブック、TikTokなどに、偽情報・誤情報を拡散させてはならないと圧力をかけ始めた。政府の「正義・真実」になじまない情報を発信する人物のアカウントを閉鎖するよう「指導」した。

その指導が相当にうまくいっていたらしいことは、サンスティーン自身の言葉でわかる。彼は2021年1月12日、デイブ・ヘラー（メディア法律リソースセンター（MLRC）副部長）

との対談で次のように語っている。[*2]

「人々を傷つける嘘、民主主義を破壊する嘘あるいは病気に関わる嘘などをコントロールするには法律ではなく、規範という概念の中で行わなくてはならない」

「ツイッターもフェイスブックも、そんなやり方での偽情報排除をうまく進めてきている」

サンスティーンは法律学者らしく憲法修正第１条に抵触しないやり方つまり、ＳＮＳに自己規制させるという方法で、偽情報の排除がうまくいっていると自慢していた。

＊1　https://www.presidency.ucsb.edu/documents/press-release-president-obama-announces-another-key-omb-post

＊2　https://medialaw.org/professor-cass-sunstein-on-falsity-and-free-speech/

第2節

裏口からの言論統制に気付いたイーロン・マスク

言論の自由の象徴

裏口からの言論統制（政府官僚組織によるソーシャルメディアへの統制圧力）がうまくいっているとサンスティーンが自慢してからおよそ1年半が経った2022年10月、イーロン・マスクがツイッター買収に成功した。買収額は440億ドルであった。

ツィッターのロゴ

買収を成功させたマスクの最初のツイートは、「捕らわれの鳥が解放された（The bird is freed.）」だった。The bird とはツイッターのロゴであった青い鳥のことである。

この青い鳥（ツイッター）は、サンスティーンに教育された官僚たちに、鳥かごの中に閉じ込められていた。言うまでもなく青い鳥は、言論の自由の象徴だった。そうでありながら政府的真実に挑戦する言論人のツイッターアカウントは次々と閉鎖されていった。マスクは、青い鳥の嘴（くちばし）が輪ゴムで縛られているのを見て取ったのである。買収の方法は市場に出ている株の公開買い付けであった。

マスクのツイッター買収は一筋縄ではいかなかった。４４０億ドルのオファー後に、ツイッター社がユーザー数をＢＯＴ（人になりすまして代わりに行為を実行させるプログラム）を利用し、水増ししていたことが露見した。要するにユーザー数の水増しで企業価値を不当に高めていたのだった。

それに憤ったマスクはオファー価格での買収を停止したこともあった（２０２２年７月８日）[*1]。一時は買収に反対していたツイッター社役員会は当初のオファー価格での買収を実行するように迫る訴訟を起こした（同年７月19日）。

こうした経緯があったが、マスクは当初オファー価格４４０億ドルでの買収を決断した（同年10月４日）。この決断は、米国社会における言論の自由の確保を決定づけたものであった。マスクの決断がなければ、米国では言論の自由が消えていた。買収を完了させたマスクはＣＥＯを含む旧経営陣を一掃した（同年10月27日）。

マスクは粛々と訴訟を進めれば、買収契約破棄あるいは買収価格の再交渉も可能であった。

そうしなかったのは、訴訟を長引かせることで、言論の自由が蔑ろにされ続ける事態が許せなかったからである。マスクは言論自由を守るためには少しばかりの無駄金を使ってもその価値があると決断したのである。

買収を完了させたマスクは、政府官僚組織とツイッターがいかなるやり取りをしていたかを内部調査させた。それがツイッターファイルとして次々と公表された。マスクが買収後直ちに調査させたことからわかるように、言論の自由が侵されていることへの彼の憤りが本物であることが見て取れる。

440億ドルの買収価格は明らかに過大評価だった。不当（不法）に水増しされていたことを承知のうえで、社会正義のために買収したのである。

内部調査は、ツイッターが政府官僚の軍門に下り、検閲の限りを尽くしていたことを暴いた。FBIから、天下り官僚を大量に受け入れ、彼らを政府組織との連絡役に起用し好き放題に検閲していた。

2022年12月21日、『ニューズウィーク』は「FBI、ツイッターと共謀し言論の自由を抑圧」と見出しを付けた記事を掲載した。[*2]

「この数週間、多くのジャーナリストがツイッターファイルの内容を精査した。内部調査によって明らかになった数千頁の資料がツイッターの新オーナー、イーロン・マスクによって公開されている。その内容は驚くべきものであった。ＦＢＩとツイッターの共謀を示す確かな証拠が出てきたのである」

「ＦＢＩ幹部とツイッターは定期的に打ち合わせていた。ツイートの政治的内容を検閲し、気に食わない（政府的真理と違う情報を発信する）人物のアカウントを閉鎖させていた。このことは従前から疑われていたが、ついに疑いの余地のない証拠（ツイッターファイル）が出てきたのである。過去数年にわたって多くの国民の憲法修正第１条に保障された言論の自由が侵されていたことがわかる」

この記事が書いているように、ＦＢＩとツイッターは定期的に会合を開いていた。ＦＢＩがいかなる情報を検閲すべきか決定すると、ツイッターはその指導に従っていた。こうしたやり方は勘づかれていたが、バイデン政権は「偽情報を防ぐためである」とこの批判を受け流した。

『ニューズウィーク』は記事を次のように結んでいた。

「何が偽情報であるかを決めるのは国民である。ＦＢＩにはそれを決定する権限はない。ＦＢＩはツイッターを道具のように使って検閲していた。検閲の対象とされた国民の言論の自由は

ＦＢＩによって侵害されていた」
『ニューズウィーク』の記事が出た4日前の12月17日、同じくツイッターファイルを精査した『ニューヨーク・ポスト』紙も、この案件を追求し、ＦＢＩから天下っている人物を特定した。１ダース以上の元ＦＢＩ職員が天下っていた。[*3]

具体的に挙げられた元ＦＢＩ職員のうち、最も重要なポジションに就いていたのはジェイムズ・ベイカーであった。

ベイカーは、ＦＢＩの雇っていた法律顧問であった。２０１４年から２０１７年の期間、ＦＢＩに務めたのち２０２０年6月から２０２２年12月にマスクに解雇されるまでの間、ツイッターの法律顧問だった。

ジェイムズ・ベイカー

ツイッターに天下っていたのは、もちろん彼だけではなかった。マシュー・ウィリアムスはＦＢＩ歴15年のベテランで、シニアインテリジェンス分析官であり、ベイカーと同時期に入社していた。[*3]

２０１９年9月入社のドーン・バートンは、元連邦検事でありジェイムス・コメイＦＢＩ長官の腹心（Deputy

Chief of Staff）だった。２０２１年5月に入社したジェフ・カールトンはＦＢＩ、ＣＩＡ、海兵隊で働き、諜報分析の専門家だった。[*4]

解雇されたベイカーらを下院政府監視委員会が証人喚問したのは２０２３年2月８日のことである。[*5]

政府監視委員会が問題視したのは、ツイッターがトランプ前大統領への敵意をむき出しにしていたことであった。ツイッター本社は、サンフランシスコにあった。サンフランシスコは、「真っ青」な町である。「真っ青」とは民主党支持者が完全に支配する町であるという意味である。

ツイッター従業員も民主党支持者ばかりであった。従業員の小口政治献金の99％が民主党へのものだったことからそれがわかる。[*6]

＊1　https://www.ign.com/articles/elon-musks-twitter-takeover-and-the-chaos-that-followed-the-complete-timeline

＊2　https://www.newsweek.com/fbi-colluded-twitter-suppress-free-speech-where-outrageopinion-1768801

*3、4、6　https://nypost.com/2022/12/17/twitter-leadership-full-of-former-fbi-agents-linkedin-records-show/

*5　HHRG-118-GO00-Transcript-20230208.pdf - sw6977@telus.net - telus.net Mail

第3節 ジェイムズ・ベイカーの悪行

左翼民主党の社会破壊運動「DEI」

キャス・サンスティーンは、バイデン政権によるソーシャルメディアへのコントロールがそれなりにうまく言っていると語ったことを書いた。２０２１年1月12日、デイブ・ヘラー〈メディア法律リソースセンター〈ＭＬＲＣ〉副部長〉との対談でのサンスティーンの言葉を再掲する。

「ツイッターもフェイスブックも、そんなやり方での偽情報排除をうまく進めてきている」

サンスティーンは、ツイッターで「活躍」し、効果的に検閲を実行しているジェイムズ・ベイカーを念頭に、この言葉を発していたのであろう。

前節で、ツイッター買収を完成させたイーロン・マスクがジャーナリストに同社の内部情報を精査させたと書いた。マスクはその結果をツイッターファイルとして公表したことも書いた。内部調査を任されたのはバーリ・ワイス（Bari Weis）とマット・タビ（Matt Tabbi）の2人だった。

ＦＢＩとの強力なコネクションのあるジェイムズ・ベイカーがツイッターで働いていることに気付いたのはワイスだった。マスクが調査を委ねただけあって、この女性はただものではない。彼女は、『フリープレス』という新メディアを立ち上げていた（2021年）。立ち上げの主旨は次のように書かれている。[*1]

「『フリープレス』はバーリ・ワイスが立ち上げた新メディアである。モットーは、『正直（honesty）』『頑固（doggedness）』『完璧なる独立性（fierce independence）』である。かつてはジャーナリズムの根幹をなす姿勢であった」

「（ワイスは次のように主張する）我々は今現実をしっかりと調査し報道する。それはいささか刺激的内容になる。そうした報道はかつては主要メディアからも期待できた（今は全く期待できない）。そんな内容の調査報道をすることで惹起される反発を我々は恐れない」

ワイスは、『ウォール・ストリート・ジャーナル』（2013〜2017年）、『ニューヨーク・タイムズ』（2017〜2020年）、『ディ・ヴェルト』（ドイツ語新聞：2020〜2021年）でのジャーナリスト経験があった。名前からわかるようにユダヤ系の女性であるが、民主党の言論統制・検閲を支持するユダヤ系とはまるで違う。そのことは彼女の明確な反ＤＥＩの態度からもはっきりしている。

ＤＥＩとは多様性（Diversity）、公正性（Equity）、包括性（Inclusion）の頭文字であり、左翼民主党が安定した社会破壊のために創造した政治運動である。ワイスは２０２３年11月７日付『Tablet』誌で「ＤＥＩを終わらせろ（End DEI）」と題した論考を発表している。[*2]

「ＤＥＩは多様性、公正性、包括性などとは無縁の代物である。傲慢なる権力者が考える政治運動である。それはユダヤ系だけでなくアメリカそのものを脅かす危ない運動である」

「アメリカの常識的社会規範つまり伝統的善悪の判断基準が変質させられたのである。弱者が善、強者が悪になってしまった。他にも人種など気にしないで生きる教えが、人種を意識すべしに変わり、アイデンティティを意識させるようになった。討論は建設的ではなく相手の徹底否定に変質した。考えの違う者の説得は論理ではなく、公衆の面前に恥をかかせることで実現しようとする。法の秩序が騒乱に取って替わった」

ここまでの描写でバーリ・ワイスがいかなるジャーナリストであるか、理解できたはずである。民主党的思想、つまり文化マルクス主義による伝統と秩序の破壊に真っ向から立ち向かうジャーナリストであることがわかる。

「アル・カポネに自身の税務調査をさせているようなものだ」

ツイッターの内部文書を精査していたワイスにある人物から電話があった。その男はジム（ジェイムズの略称）と名乗った。名字を聞くとベイカーと答えた。

このときのワイスの驚きは尋常ではなかったらしい（ウォルター・アイザックソン：イーロン・マスクの伝記執筆者）。彼女はジム（ジェイムズ）・ベイカーがFBI時代に悪名をはせた男と同一人物であることを確認すると、ツイッターの法務部門が彼女らの調査に非協力的である理由がわかった。

ジェイムズ・ベイカーは、2016年選挙でトランプが当選すると、FBIリーク情報（でたらめ情報）を親民主党メディアに流し、ロシアゲートを創作した張本人だった。ロシアゲートは、トランプはプーチンと共謀していた、というほら話であるが、トランプ当選後にはまことしやかに主要メディアが報じた。そうしたメディア工作を担当していたのがベイカーだった。

ワイスはこの事実を直ちにマスクに報告した。マスクの驚きと憤りは凄まじかったようだ。

「これじゃアル・カポネに自身の税務調査をさせているようなものだ」がマスクの言葉だった（アイザックソン）。マスクはベイカーを呼び、彼の弁明を聞いた。マスクの出した結論は即時解雇だった。

ベイカーの解雇は、政治的に全体主義リベラル民主党にあまりに肩入れする従業員大量解雇の前触れだった。

＊1　https://www.bariweiss.com/free-press

＊2　https://www.tabletmag.com/sections/news/articles/end-dei-bari-weiss-jews

第4節 フェミニスト、ナオミ・ウルフの嘆き

シャドー検閲のテクニック

前節で書いたように、旧ツイッターには多くの諜報関係官僚が天下っていた。彼らがＦＢＩなどの政府組織とのリエゾン（橋渡し役）となって、具体的な検閲のやり方を打ち合わせ、実行していた。

現代の検閲はＡＩに頼っている。ＡＩには検閲用語をインプットしてやる必要がある。前節のロシアゲートの例で言えば、「ラップトップ」「ハンター・バイデン」「賄賂」などを検索用語にして、ハンター・バイデンの収賄疑惑・薬物使用疑惑・売春・脱税などの犯罪行為を語る人物のユーチューブチャンネルやブログを探し出す。コロナワクチンの危険性を語る人物の排斥では、「副作用」「超過死亡」「イベルメクチン」などが検閲用語になる。

人物の特定ができた時点で、ハンター・バイデンのラップトップ問題ではＦＢＩが、コロナ

ワクチン問題では、ＣＤＣやＦＤＡ（食品医薬品局）がソーシャルメディアに圧力をかける。ソーシャルメディアは、いくつかの手法を使って、政府を批判する情報を遮断する。

その一つの方法が、シャドー検閲（Shadow Banning）と呼ばれるものである。シャドー検閲は日本ではあまり知られていないが、真実を世に知らせないためのテクニックの一つである。政府の発する情報に異を唱えさせないテクニックである。

プログラムに埋め込まれたアルゴリズムが、政府の気に入らない人物の発信情報を発見すると、他者（ブログにアクセスする一般人）がそのサイトにアクセスできないようにする。一方で、ブログ作成者にはアクセス可能なままに放置する。そうすることで情報発信者は、他者がアクセスできないことに気付かない。視聴者がその不自然さに気づいて発信者に通知する。そこでようやくバン（シャドー検閲）されていることに気付くのである。

トランプ大統領のツイッターアカウントを停止

シャドー検閲はまだ可愛いもので、気に食わない情報発信者のアカウント閉鎖も平然と行われていた。修正第１条に抵触しない「検閲」にするために、「偽情報」「デマ」「誹謗中傷」を発信させないという屁理屈でアカウントを閉鎖させた。暴動などの社会不安を煽るとしてアカウントを閉鎖されたものもいた。

その典型が、トランプ大統領のツイッターアカウント停止だった。2021年1月9日付『ファイナンシャル・タイムズ』は次のように報じている。[*1]

ＢＢＣ、2021年６月６日付

「ツイッター、ドナルド・トランプアカウントを永久閉鎖。暴動を煽るリスク考慮」

当時の民主党は「ワシントン議事堂侵入事件は、トランプ大統領が煽った。国家反逆罪である」というシナリオを作っていた。そのシナリオに沿って、大手メディアはトランプを激しく批難していた。今では、あの事件は、民主党とディープステイトが、ＦＢＩと共謀して創作していたことが露見している。

議事堂への侵入は、ＦＢＩが抗議者の中に潜ませていた工作員が煽ったからであることが露見している。しかし、事件直後は、民主党の書いたシナリオを多くの米国民が信じていた。

バイデン政権の医療系官僚は、ワクチンの危険性を訴える知識人のアカウントも次々に閉鎖させた。トランプのアカウントが閉鎖されてからおよそ半年たった２０２１年６月６日、ツイッターはユダヤ系フェミニズム活動家ナオミ・ウルフのアカウントを停止した。ここに示したのは同日付の英国ＢＢＣの記事である。[*2] ＢＢＣは、英国政府の意向に沿う報道機関である。さしずめＮＨＫのような存在である。それだけに記事の見出しには何気に嬉しさが滲んでいる。

見出しは、「コロナ問題：ツイッター、ナオミ・ウルフのアカウントを閉鎖。彼女の反ワクコメントが原因」となっていた。ユダヤ系フェミニスト、ナオミ・ウルフは著名な女権活動家であり民主党のシンボルのような存在であった。

彼女は新型コロナ用ｍＲＮＡワクチンが、女性の生理不順などを引き起こしていることを問題視し、ワクチン接種には慎重な態度を取るように呼びかけていた。この訴えが気に食わない政府医療系組織（ＣＤＣ、ＦＤＡ）の関係者が、ツイッターに圧力をかけたのである。

ｍＲＮＡワクチンによって体内に入るスパイク蛋白は、血流によって臓器に蓄積される。臓

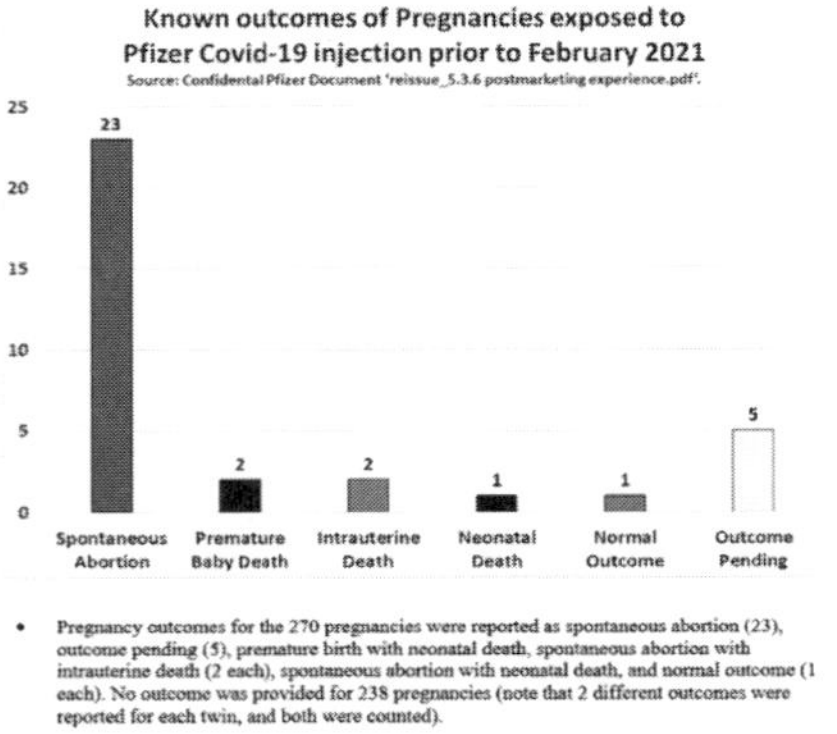
Known outcomes of Pregnancies exposed to
Pfizer Covid-19 injection prior to February 2021
Source: Confidental Pfizer Document 'reissue_5.3.6 postmarketing experience.pdf'.
25
20
15
10
5
0
23
2
2
1
1
5
Spontaneous Abortion
Premature Baby Death
Intrauterine Death
Neonatal Death
Normal Outcome
Outcome Pending
• Pregnancy outcomes for the 270 pregnancies were reported as spontaneous abortion (23), outcome pending (5), premature birth with neonatal death, spontaneous abortion with intrauterine death (2 each), spontaneous abortion with neonatal death, and normal outcome (1 each). No outcome was provided for 238 pregnancies (note that 2 different outcomes were reported for each twin, and both were counted).
ワクチン接種後の妊婦への副作用（原資料：ファイザー機密文書“reissue_5.3.6 postmarketing experience.pdf”）

器の中でも子宮により多くのスパイク蛋白が蓄積されることが報告されていた。おそらくそれが原因だと思うが、２０２０年12月から２０２１年２月末の時点で、２７０人の妊婦のうち、接種後すぐに流産したという報告が２３例出ていた。

ここに情報公開法に基づく請求で出てきたファイザー社の秘密データをグラフ化したものを示した。[*3] ２０２１年２月までの時点で発生した、妊婦への副作用の統計である。接種後たちまち流産した事例が23あることに注目していただきたい。これまでの基準なら、ｍＲＮＡワクチンは市場から引き揚げるべきとの結論が出てもおかしくはなかったのである。

ウルフが、女性とりわけ妊婦のワクチン接種に注意を促したのは当然だった。フェミニストのスターだったウルフは、民主党の活動家でもあった。今では環境マフィアと呼ばれ環境問題をビジネス化したと軽蔑されている人物にアル・ゴア（民主党クリントン政権副大統領）がいる。ウルフはこの男のアドバイザーだったほどに民主党に尽くしていた。

アル・ゴア

そんなウルフでも、ワクチンの危険性を口にしただけで、民主党勢力から「反ワク」のでたらめ知識人のレッテルを貼られ、ツイッターのアカウントを奪われた。リベラル勢力（民主党勢力）こそが全体主義的で異論を許さない危険な輩の集まりであることに、彼女はようやく気づいたのである。

保守主義者への謝罪論文

2023年3月9日、ナオミ・ウルフは自身の誤り（民主党を支持した愚かさ）を真摯に反省し、保守主義者への謝罪論文を発表した。長文の謝罪文は、「私は謝罪を避けるわけにはいかない。これは私の保守主義者への公式の謝罪の言葉である。（トランプ氏の掲げる）アメリカファーストの運動を進めてきた保守主義者たちへのお詫びである」で始まっていた。[*4]

そのうえで、民主党がばらまいてきた数々の嘘を信じてしまった自身の不徳を詫びた。とりわけ２０２１年１月６日事件がトランプによる内乱の惹起であり、民主主義の破壊行為であるとシナリオを書いた民主党、そのプロパガンダ機関になり下がった主要メディアの報道を信じたことを恥じた。

民主党はＤＥＩをスローガンにした。Ｄは多様性（Diversity）、Ｅは公平性（Equity）、Ｉは包括性（Inclusion）を意味した。民主党の勧めるＩは、民主党反対派には適用されない偽善の言葉である。ウルフは自身の辛い経験を根拠に民主党の偽善を批難した。

２０２４年10月29日、ナオミ・ウルフはスチーブン・バノンの番組（ＰＯＳＣＡＳＴ）の中で、トランプ前大統領を支持すると公式に明らかにした。

「リベラルの旗手ナオミ・ウルフ、トランプ支持を表明、『トランプこそがより inclusive（包括的）だ』と語る」（２０２４年10月30日付 AllSides）[*5]

＊1　https://www.ft.com/content/d44a5127-ce1e-407c-bce2-293be771cd1f
＊2　https://www.bbc.com/news/world-us-canada-57374241
＊3　https://expose-news.com/2022/05/09/confidential-pfizer-docs-90percent-pregnancies-miscarried/

＊４　https://naomiwolf.substack.com/p/dear-conservatives-i-am-sorry
＊５　https://www.allsides.com/news/2024-10-30-1915/politics-liberal-icon-naomi-wolf-endorses-trump-hes-being-more-inclusive

第5節 言論統制に暴走するEU

EU官僚がソーシャルメディアの警察官に

大きな政府は必ず腐敗する。歴史が証明している事実である。いまこの観察が正しいことを示しているのがEUである。

EUは、国家の上に君臨する巨大超国家組織である。本部のあるブラッセルに働くEU高級官僚の傲慢は目に余る。メンバー国の主権をも左右できる権力を握る官僚だけに驕る気持ちが出ても仕方がないのかもしれない。

筆者が、EUの傲慢とりわけ言論統制のでたらめに気付かされたのは、自身のユーチューブチャンネル(「そうきチャンネル」)でEU委員長フォン・デア・ライエンのファイザーワクチン購入にまつわる疑惑、ワクチン接種後に世界で出現する不可解な超過死亡を扱った時であった。

ユーチューブに投稿するには、AIによる予備審査を受けなくてはならない。誹謗中傷、殺人予告、なりすまし、未成年有害コンテンツ、版権侵害といったネット公開に相応しくない内容の動画はこの段階で弾かれる。私の動画はこの予備審査をクリアし公開された。ところが視聴者数が1000を超えたあたりで突然に動画が視聴不可能になった。恐らく何者かが（あるいはAIかもしれないが）警告をユーチューブに発し、バンさせたのであろう。

現在、EUの方針、EU諸国のワクチン政策あるいはEU官僚の腐敗批判などは実質不可能になっている。EUがとんでもない悪法を成立させ、それが施行されているからである。その悪法「デジタル情報サービス法DSA：Digital Service Act」は2022年10月に成立した。成案に導いたEU官僚は、サイバー空間から「偽情報」を徹底排除するために、ソーシャルメディアの警察官になると決めたのである。

日本でもこの法律に対する関心が高まっているせいか、2024年3月4日、野村総合研究所が「EU DSA法の概観」なる報告書を発表した。[*1] この報告書には、法律の目的が書かれた第1条、第2条を次のように翻訳し、紹介している。意味不明のぼんやりとした内容であることがわかる。

第1条　主題

1、本規則の目的は、イノベーションを促進し、消費者保護の原則を含む本憲章に明記された基本的権利が効果的に保護される、安全で予測可能かつ信頼できるオンライン環境のための調和された規則を定めることにより、仲介サービスのための域内市場の適切な機能に貢献することである。

2、本規則は、域内市場における仲介サービスの提供に関する調和された規則を定める

法律制定の理由を美辞麗句を並べて説明しているが、具体性に欠ける内容である。わかりにくく書いているが、要するに「サイバー空間から『偽情報』を徹底排除する」ということである。しかし、偽情報の定義は簡単ではない。この法律でもその定義が曖昧にされている。あいまいにしているのは故意である。曖昧にすることで政府側が拡大解釈できるように設計しているのである。

野村総合研究所の「EU DSA法の概観」は、「『偽情報』(disinformation) については、『違法コンテンツ』の定義には含まれていないが、違法コンテンツと併記される形で前文に複数の項目で記載されており、社会的な悪影響を与えるリスクとして偽情報が明記されている」

と説明するばかりである。

定義が曖昧であれば、ＥＵ官僚は好き勝手ができる。ＥＵの方針に反する意見や情報発信は「偽情報」と定義して規制すればよいだけである。

この法律の成立を仕掛けたのはティエリー・ブルトンというフランス人政治家である。フランス経済金融産業大臣（２００５～２００７年）やアトスというＩＴコンサルティング企業のＣＥＯ（２００９～２０１９年）を経て、２０１９年12月からＥＵの域内市場担当委員（European Commissioner for Internal Market）を務めていた。

ティエリー・ブルトン

大きな政府の典型であるＥＵの重要ポジションについたブルトンは、自身に与えられた強力な権力行使にうずうずしていた。デジタル情報サービス法ＤＳＡが適用開始（２０２３年８月25日）[*2]なる直前の、２０２３年６月ブルトンは米国を訪れた。「俺が貴様らを取り締まる（I am the enforcer）」と米国のソーシャルメディア企業を「脅す」ための旅であった。[*3]

ＥＵは、ソーシャルメディア企業に偽情報の検閲を任せていた。それがＤＳＡの発効で、検閲を義務化した。順守しなければソーシャルメディア企業は罰せられる。ブルトンは米国訪問によって、「俺がデジタル情報世界のＫＩＮＧである」と認めさせたかったのである。彼の言葉に傲慢さがにじみ出ている。

「私が法律そのものだ。それが国家としてのＥＵと国民の意志なのである。８月25日以降、この法律をしっかりと順守させる」[*4]

ブルトンが強気なのには理由がある。ＤＳＡにはとんでもない額の罰金を払わせる条文が入っているからである。ソーシャルメディア企業の世界営業収入の６％を罰金として課せるのである。仮にそのような判決が出たとしても本当にそんなことができるのか。ＥＵに法執行権限があるのか。それは不明だが、ソーシャルメディア企業に精神的プレッシャーだけはかけることができる。

ＥＵがやろうとしているのは、法（ＤＳＡ）を悪用して、ソーシャルメディア企業に言論統制を政府に代わってさせることだった。先にツイッターファイルについて書いた。ファイルを精査した人物にマット・タビもいたと書いた。

ＥＵのソーシャルメディア企業へのあからさまな圧力にタビは憤った。「権力に不都合な情報をネット空間から排除するためにソーシャルメディア企業に対して共謀を要求しているのだ」と反発した。

トランプの圧勝で赤恥を晒した「知識人」

第２次トランプ政権は、加盟政府の上位に位置する全体主義化した巨大組織ＥＵの悪行をよく知っている。ＥＵを構成する国々の中には、ブラッセル（ＥＵ本部）の高級官僚が強力な権限を利用して好き放題に左翼リベラル全体主義政策を遂行していることに危機感を持つものが増えてきた。

トランプ政権は言論の自由徹底擁護の立場を取るだけに、ＥＵと第２次トランプ政権の対立は不可避だろう。大きくなりすぎた巨大組織ＥＵはこの問題の扱いを失敗すれば、ＥＵ離脱を考えるメンバー国が増やすことになる。

一方で、日本の主要メディアは、まさにＥＵが望んでいるような行動をすでに取っている。先の大統領選挙前の報道でトランプ優位を主張する論者を登場させなかった。ハリス勝利を予想した大学教授を筆頭とするおバカさん「知識人」は、トランプの圧勝で赤恥を晒した。そうでありながらそんな「知識人」が相も変わらずテレビに登場し続けている。日本の闇は深い。

ＥＵ的な態度を是とする日本政府あるいは日本の大手メディアは第２次トランプ政権で勃発する言論統制を巡る米欧戦争の帰趨を震えながら見守ることになる。

＊1　https://www.soumu.go.jp/main_content/000932295.pdf
＊2　https://www.theverge.com/23845672/eu-digital-services-act-explained
＊3、4　https://www.politico.eu/article/eu-thierry-breton-silicon-valley-big-tech-european-commission-california-enforcement/

第６節　ブルトン辞任

ワシントン議会侵入事件は内部犯行

ＥＵの全体主義的言論統制をティエリー・ブルトンという傲慢なフランス人官僚がリードしてきたことを書いた。ブルトンが、特に敵視したのはＸのオーナー、イーロン・マスクである。マスクは、ＥＵに代表される大きな政府の全体主義化とりわけ言論の自由を蔑ろにする態度に憤っている。第２次トランプ政権の実現に骨を折ったのも、言論の自由を守るためであった。

２０２４年８月12日、トランプはＸ上で、イーロン・マスクのインタビューに応じた。２人の会話を１３０万人がリアルタイムで視聴した。[*1] 旧ツイッターが、トランプのアカウントを永久凍結したのはワシントン議会侵入事件のわずか２日後のことであった（２０２１年１月８日）。その後の社会は目まぐるしく動いた。

ワシントン議会侵入事件は、トランプの政界からの永久追放を目論むナンシー・ペロシ下院議長、それに密かに協力したマイク・ペンス副大統領、さらにはディープステイトの一角FBIなどが演出したインサイドジョブ（内部犯行）であったことがほぼ確実となった。

トランプは自由な言論空間を守り、そして自身の発言の場を確保するために新しい言論プラットフォーム（トゥルース・ソーシャル）を立ち上げた（2022年2月）。ディープステイトに協力したツイッターを、イーロン・マスクが買収した（2022年10月）。トゥルース・ソーシャルを所有する親会社（Trump Media & Technology: NASDAQ上場）に対して、トランプ暗殺未遂事件（2024年7月13日）直前の7月12日に大量の空売り（1200万株）を掛けていたのがオースチン・プライベイト・ウェルス（ジョージ・ソロス系の資産運用会社）だったことは既に書いた。

トランプのアカウントが旧ツイッターによって永久凍結処分を受けて以来、激動の3年半が過ぎた。かつては、民主党支持者だったイーロン・マスクが、民主党的全体主義政治に愛想を尽かしトランプ支持に回ったのも、この時期に起きた「大事件」であった。

EUの言論統制の帝王・ティエリー・ブルトンは、マスクのトランプインタビューを苦々しく思っていた。ブルトンが、インタビューの模様がXで流れることに不快の念を持つことは容

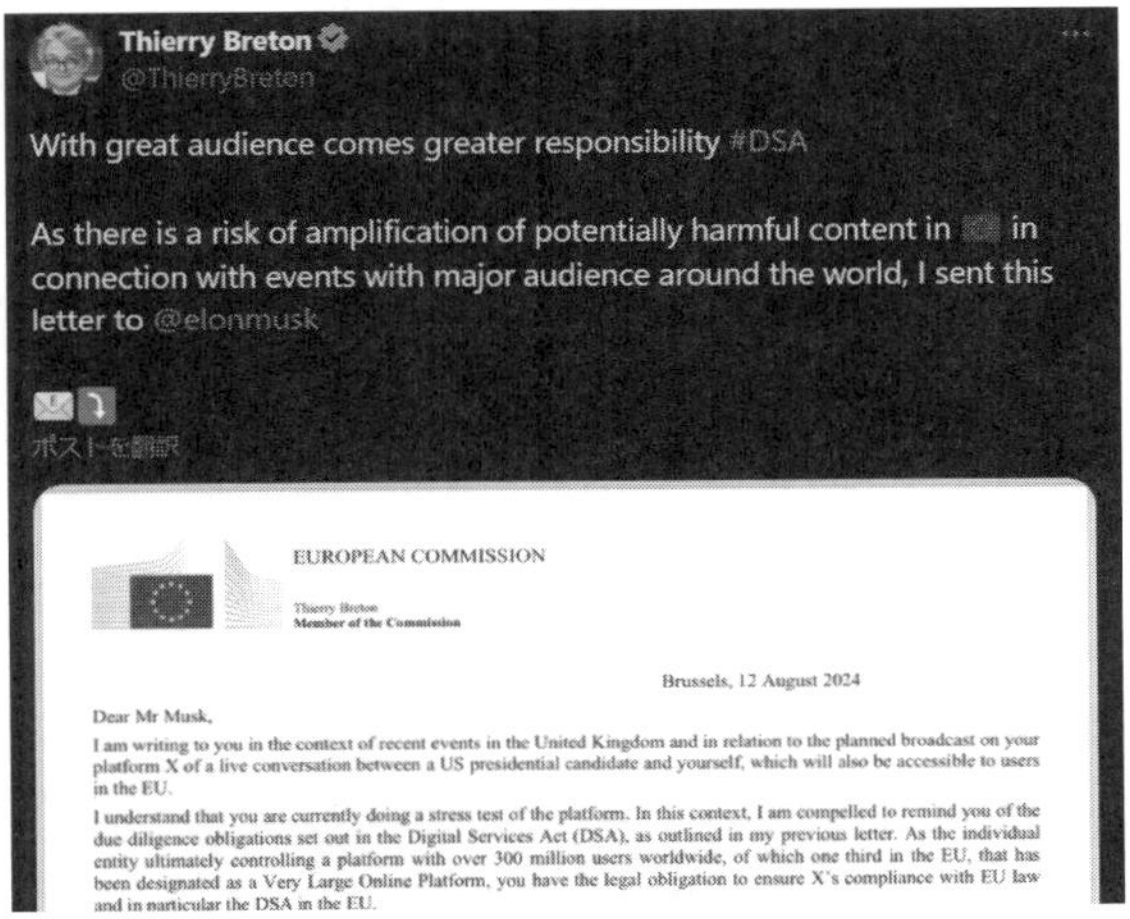
Thierry Breton
@ThierryBreton

With great audience comes greater responsibility #DSA

As there is a risk of amplification of potentially harmful content in in connection with events with major audience around the world, I sent this letter to @elonmusk

ポストを翻訳

EUROPEAN COMMISSION

Thierry Breton
Member of the Commission

Brussels, 12 August 2024

Dear Mr Musk,

I am writing to you in the context of recent events in the United Kingdom and in relation to the planned broadcast on your platform X of a live conversation between a US presidential candidate and yourself, which will also be accessible to users in the EU.

I understand that you are currently doing a stress test of the platform. In this context, I am compelled to remind you of the due diligence obligations set out in the Digital Services Act (DSA), as outlined in my previous letter. As the individual entity ultimately controlling a platform with over 300 million users worldwide, of which one third in the EU, that has been designated as a Very Large Online Platform, you have the legal obligation to ensure X's compliance with EU law and in particular the DSA in the EU.

ブルトンのX

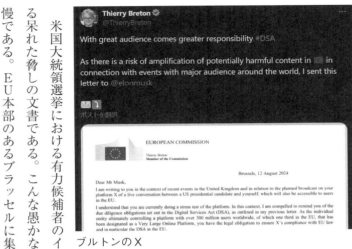

易に予想できた。案の定、ブルトンは、「マスクのトランプインタビューはEUメンバー国に有害である」との文書をマスクに送りつけた。そしてそれをX上で公開した。

ブルトンは、このトンデモ文書の最後を次のように結んでいた。

「われわれは（トランプインタビューの配信が）、DSA（デジタル情報サービス法）に触れる内容であるか否かに強い関心をもっている。EU市民を害する内容であればDSAの規定をフルに活用し、暫定的処置（注：具体的な内容は示していない）を含めた措置を断固として取る考えである」

米国大統領選挙における有力候補者のインタビュー放映が、EU市民に有害であると示唆する呆れた脅しの文書である。こんな愚かな主張を悪びれずもせずにするほどに、ブルトンは傲慢である。EU本部のあるブラッセルに集う意識高い系リベラル官僚のメンタリティの象徴である。

トランプもマスクも言論の自由を守る側にいる人間である。そんな2人の対談がEU各国に放映されたら、ブルトンが進めたDSAの危うさがEU各国の国民にバレてしまう。EU官僚の傲慢が露見する。ブルトンが、マスクを脅したのはそれが動機だった。

大きな政府は必ず腐敗する。大きな政府に働く高級官僚は自身に委ねられている強大な権力に溺れ、平気で非常識な行動をとる。ブルトンの文書がそれを示している。

マスクは、自身を批判する内容であってもX上で公開しても構わないとしている。ブルトンはXにある自身のアカウントを利用して好き放題にマスクを批判する。彼は、マスクの常識人の振舞いに甘えている愚かさに気付いていない。EU高級官僚のレベルはこの程度なのである。

EU執行部の言論統制の暴走に気付いた議員

EU執行部の高級官僚のメンタリティは崩壊してはいるが、EU議会にはまだまともな議員もいた。その一人がマーシン・シプニウスキ議員（シレジア選挙区）だった。シプニウスキは、８月22日、ＥＵ執行部に質問主意書をぶつけた。[*2]

１、マスク氏宛ての文書は、執行部の公式見解かそれともブルトン個人の考えを示したものか

２、執行部は、Ｘを含むソーシャルネットワークプラットフォームに対して、ライブ配信を含むあらゆる情報発信の検閲を求めているのか

３、ブルトン文書に示される潜在的なペナルティを回避するために、Ｘなどのプラットフォームが何をすべきだと考えているのか具体的に示せ

この質問主意書からもわかるように、ＥＵ議会には、ＥＵ執行部の言論統制の暴走に気付いている議員が存在する。９月16日、これほどに傲慢であったティエリー・ブルトンが突然に辞意を表明した。リベラル全体主義政治家の権化エマニエル・マクロン仏大統領の強い後ろ盾があったブルトンの辞意表明に世間は驚いた。

辞任の原因は、ＥＵ委員長フォン・デア・ライエンとの対立だった。ライエンも全体主義ＥＵ官僚の典型である。ライエンは次章で詳述するように、ＥＵ人口１人当たり10回分のコロナ

ワクチン購入を、ファイザーCEOアルバート・ブーラとの間で、EUの正式手続きを無視して決めた「女傑」である。

その怪しさを指摘されるとブーラとのやり取りが記録された自身の携帯端末を破壊した。リベラル全体主義者であるブルトンとライエンの2人の対立である。同じ穴の狢の戦いである。ブルトンの仕掛ける検閲が2人の反目の理由のはずがない。

どうもライエンとはウマが合わなかったという理由だけのようである。彼女は、反ブルトン工作を仕掛けていた。表向きの理由は、女性幹部の積極的任用であった。彼のポジションに女性を就けたいというのである。[*3]

どんな理由であれ、言論検閲を強力に推進してきたブルトンの辞任（失脚？）は喜ばしい。穿った見方をすれば、彼は第2次トランプ政権の成立を予期していたのかもしれない。同政権で大きな発言力をもつことになるマスクとの対立から先に逃げたのかもしれない。本書執筆時点（2024年11月半ば）では後任は決まっていない。

EU執行部から外れたブルトンは、これからもXを使って意見発信をするであろう。彼のX口座をEU執行部がDSA法を根拠にバンさせる。そんな喜劇があってもおかしくない。そのときになってブルトンは初めておのれの愚かさに気付くのであろう。

＊1 https://www.washingtonexaminer.com/news/campaigns/presidential/3118777/five-takeaways-trump-x-conversation-elon-musk-marred-rocky-start/#google_vignette

＊2 https://www.europarl.europa.eu/RegData/questions/ecrites/2024/001542/P10_QE(2024)001542_EN.pdf

＊3 https://www.capacitymedia.com/thierry-breton-resigns

第4章

世界人口削減論者、医療系官僚、大手製薬会社
――悪魔のトライアングル

医学「専門家」の「ワル」

前章ではＥＵ政府がソーシャルメディアに圧力をかけ、軍産複合体ならぬメディア・官複合体を形成しようとしていることを書いた。本章では、医療系官僚組織と大手製薬会社の癒着が生んでいる医・薬・官複合体の悪行を扱う。

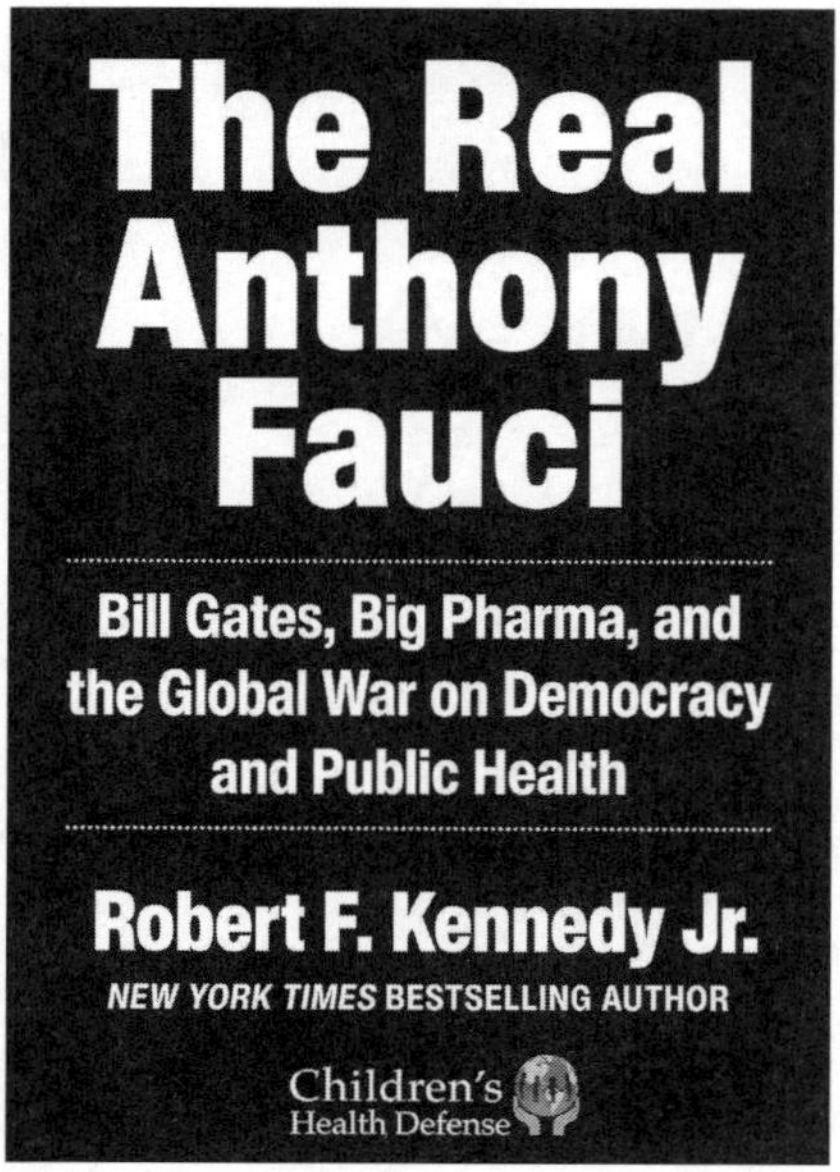

『The Real Anthony Fauci』

第２次トランプ政権で保健福祉長官に指名されたロバート・ケネディJr.は、早い時期から医・薬・官の癒着に気付いていた。ケネディJr.は、癒着の権化である国立アレルギー感染症研究所所長アンソニー・ファウチの悪行を暴く書『The Real Anthony Fauci』を上梓していた（２０２１年11月）。

ロバート・ケネディJr.の第２次トラ

ンプ政権への参画に最も震えている製薬会社がファイザー、モデルナの2社であろう。両社のコロナワクチンの開発・市場投入はあまりに強引であった。そんなことが可能であったのは、第1次政権時代のトランプ大統領を上手に操った悪がいたからである。この頃のトランプは医学「専門家」の「ワル」にいささか鈍感であった。

第1節　機能獲得研究の恐怖：武漢ウイルス

大事故になりかねない漏洩の危険

自然界に存在するウイルスに、ヒトへの伝染性を高める機能を付与する研究は随分と前からなされてきた。これを機能獲得実験という。英語ではGain of Function Researchである。こうした研究を精力的に進めたい勢力とそれを危険視する勢力が、医学界を二分してきた。バラク・オバマ大統領を筆者は評価しないが、機能獲得実験の危険性を理解していたことについては評価せざるをえない。

機能獲得実験が危険であることには多くの医師が気付いていた。自然界に存在しない人間への感染力を持ったウイルスの創造に成功した場合、故意あるいは事故による漏洩がありうるからである。実際、大事故になりかねない漏洩は続いていた。

２０１４年７月14日、そんな状況を憂えた専門家グループ（ケンブリッジワーキンググループ）が、「研究を進めるベネフィットがそのリスクを確実に上回ることが立証されるまでは、機能獲得研究は中止すべきである」と声明を出した。[*1]
「米国内のトップクラスの研究所に於いて天然痘、炭疽菌、鳥インフルエンザなどの漏洩事故が相次いでいる。最高度の安全性が保たれているはずの生物研究所で事故が起ったことに鑑みると、生物研究の安全性問題について再検討するときに来ている」と始まる声明文は、「とにかく安全性を重視すべきであり、（病原菌の流出）事故によりパンデミックを起こすリスクのあるような研究は避けるべきである」と結んでいた。２０１４年10月17日、オバマ政権は、この懸念に応えて機能獲得研究への予算付けを一時凍結した。[*2]

しかし、トランプ政権に移った２０１７年12月19日、この凍結措置が解除された。筆者は、トランプ政権下における数少ない失策の一つだったと残念に思っている。同日付ネーチャーは、「米政府、危ない病原体研究停止措置を解除、アメリカ国立衛生研究所ＮＩＨはウイルスをより危険にする実験への予算付け再開」[*3]と心配げに報じた。

医療系官僚は、何とかして予算付けを再開させたいと考えていた。その一人がカリー・ウォリネッツ（アメリカ国立衛生研究所〈ＮＩＨ〉主任アドバイザー）だった。

彼女は「自然界に存在するウイルスが自然界で変異し、人間への感染力を持つ前に対策を準

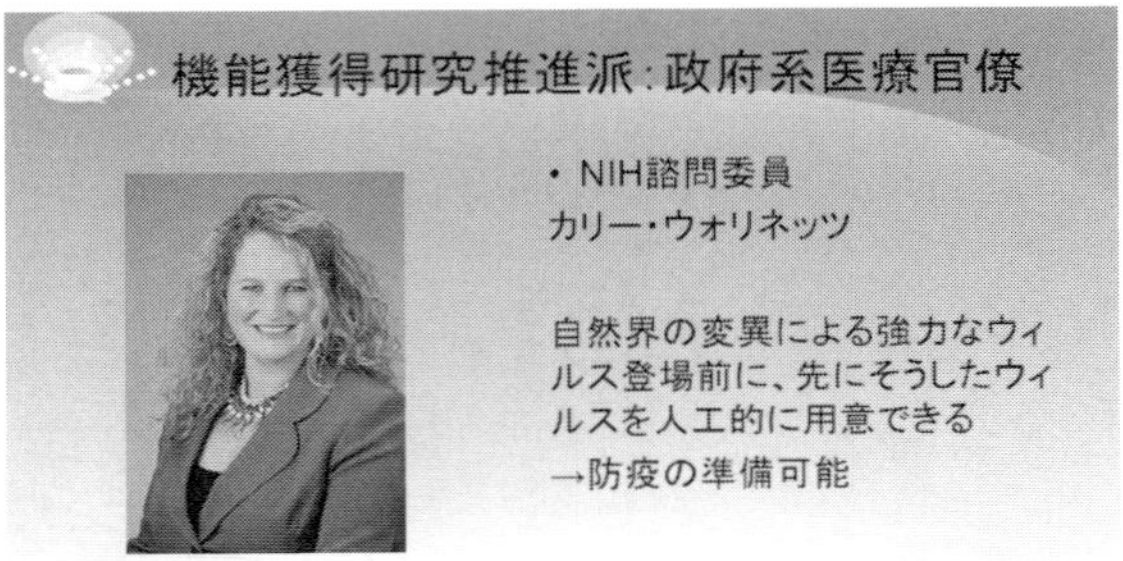

筆者作成

備したい。自然界に存在するウイルスに人工的に人間への感染力を持たせる。そうすれば、自然界にそうしたウイルスが自然発生したときに、防疫の準備つまりワクチン等の準備が可能になる」と主張した。

ウォリネッツは、機能獲得研究が惹起する危険性を十分に理解していた。しかし、何としてでも政府予算を引っ張るという官僚特有の意識を丸出しにしていた。

安全管理プロセスを重層的にする、個別プロジェクトを客観的そして定期的に評価する機関を設置し監視体制を充実させる、などと訴え、機能獲得プロジェクトを再開させたのである。

予算付け再開からおよそ2年が経った２０１９年12月12日、武漢で複数の肺炎患者が発生した。患者の容態は、従来の処方ではまったく改善しなかった。

同月31日、ＷＨＯの中国事務所はこの事態の報告を受けている。

たちまち隠蔽工作が始まる

やはりケンブリッジ・ワーキング・グループが懸念していたことが起きたのである。武漢ウイルス研究所には、ファウチが研究費を出していた。

政府予算を期待する医療系官僚にとって、機能獲得研究を無理筋で再開させた経緯もあるだけに、武漢ウイルス研究所から新型コロナウイルスが流出したことになれば不都合であった。たちまち隠蔽工作が始まった。

２０２０年2月19日、定評ある医学専門誌『ランセット』（Lancet）にウイルス学者グループが新型コロナウイルスの自然発生説を主張した。[*4]

「自然発生ではあり得ないというのは陰謀論である。われわれはそれをきっぱりと否定する」

「明らかに自然発生である」

のちに、この文書を起草したのはアメリカ国立衛生研究所と強い関係を持つピーター・ダスザックであることが判明した。米国政府研究予算が、この男の運営するエコ・ヘルス・アライアンスなるＮＧＯ組織を経由して武漢ウイルス研究所へ流れていた。

さらには2020年3月17日、『ネーチャー・メヂスン』誌も『ランセット』の後追い記事を発表した。クリスチアン・アンダーセン（Scripps Research Institute）ら数人の学者が「我々の分析は、研究所起源ではないこと、人工ウイルスではないことを示している」と主張した。[*5]

この2つの論文は、研究所流出説否定の根拠となり、繰り返し親中国左翼メディアが引用した。しかし、どちらの論文も科学的には疑問の多い内容であった。そうでありながらそれを指摘し、声を上げる専門家がいなかった。

両論文を批判し、武漢ウイルス研究所からの流出を強く疑ったのはニコラス・ウェイドだった。ウェイドは『ニューヨーク・タイムズ』で長年科学記事を担当していた。彼は、Science the Wire（2021年10月5日付）に、「新型コロナ（COVID－19）の起源：誰が武漢でパンドラの箱を開けたのか、人か自然か」と題した論文を発表した。[*6] なぜ問題の多い両論文に批判がほとんどなかったかについて、次のように書いている。

「ダスザックの声明もアンダーセンの論文も、本質は政治文書である。科学論文でないにもかかわらず効果は絶大だった。主要メディアの記事はこの論文を頻繁に引用し、研究所流出説を否定した」

「主要メディアは、科学を専門とする記者を雇っているはずだ。そうした記者が両論文の執筆者に質問することができた。彼らの導き出す結論の是非を吟味できた」
「医学研究は多額のコストがかかる。（研究者は）発表された内容は研究者仲間のコンセンサスと考える。コンセンサスに異議を唱えると、これからの研究費が配分されなくなると恐れてしまう。（批判される）研究者が、政府予算配分権限を持つ組織で強い影響力を持っているからである」

この言葉からはっきりとわかるのは、医学の政治化が極限にまで来ていることである。医学の政治化に深く関わっているのが、世界の政治に強烈な影響力を持ち、人口削減を主張するビル・ゲイツに代表される大富豪たちである。

＊１　http://www.cambridgeworkinggroup.org/documents/statement.pdf
＊２　https://obamawhitehouse.archives.gov/blog/2014/10/17/doing-diligence-assess-risks-and-benefits-life-sciences-gain-function-research
＊３　https://www.nature.com/articles/d41586-017-08837-7
＊４　https://www.thelancet.com/journals/lancet/article/PIIS0140-6736(20)30418-9/fulltext
＊５　https://www.nature.com/articles/s41591-020-0820-9

＊6　https://science.thewire.in/external-affairs/south-asia/origins-of-covid-19-who-opened-pandoras-box-at-wuhan-people-or-nature/

第2節

人口削減論者ビル・ゲイツの暗躍

「神に選ばれし者」たち

	国名	人口
1位	インド	14億4,170万人
2位	中国	14億2,520万人
3位	アメリカ	3億4,180万人
4位	インドネシア	2億7,980万人
5位	パキスタン	2億4,520万人
6位	ナイジェリア	2億2,920万人
7位	ブラジル	2億1,760万人
8位	バングラデシュ	1億7,470万人
9位	ロシア	1億4,400万人
10位	エチオピア	1億2,970万人
11位	メキシコ	1億2,940万人
12位	**日本**	**1億2,260万人**
13位	フィリピン	1億1,910万人

『世界人口白書』2024年より

ここに世界の国別人口を示した。２０２４年の最新の数字である。[*1] １国で14億を超える国が２つある。インドと中国である。日本は１億２２６０万で12位となっている。

全世界の人口つまり地球の人口は81億１９００万となっている。[*2] 筆者は、この数字が多いのか少ないのかは神のみぞ知るという立場を取る。多すぎれば神の手によって調整されると楽観的である。

しかし世の中には、「地球人口は破滅的に多すぎる。神に代わって削減する」と決めた「キ印」の大富豪たちがいる。その中心人物がマイクロソフト創業者ビル・ゲイツである。

２００９年5月5日、ゲイツは仲間の億万長者をニューヨーク・マンハッタン島中央部ハドソン河畔にあるロックフェラー大学に集めた。参集したのは誰もが名を知る富豪ばかりだった。

デイヴィッド・ロックフェラー（故人）
ウォーレン・バフェット（投資家）
ジョージ・ソロス（投資家）
テッド・ターナー（ＣＮＮ創業者）
マイケル・ブルームバーグ（情報サービス会社ブルームバーグ創業者）
他

彼らは、有り余る資産を「慈善」事業に注ぎ込んでいる。そうした「善行」の度に彼らは、その影響力を駆使してメディアを通じて世間に知らせた。使いきれないほどの資産形成の後の

THE TIMES
WEDNESDAY JULY 21 2021
Log in Subscribe Search

Billionaire club in bid to curb overpopulation

America's richest people meet to discuss ways of tackling a 'disastrous' environmental, social and industrial threat

John Harlow, Los Angeles

Sunday May 24 2009, 1:00am BST, The Sunday Times

SOME of America's leading billionaires have met secretly to consider how their wealth could be used to slow the growth of the world's population and speed up improvements in health and education.

The philanthropists who attended a summit convened on the initiative of Bill Gates, the Microsoft co-founder, discussed joining forces to overcome political and religious obstacles to change.

『サンデー・タイムズ』2009年５月24日付

彼らの幸福は他者への奉仕であるらしい。

それはそれで構わないのであるが、問題は彼ら自身の「神に選ばれし者」であるとの傲慢な意識である。

「神に選ばれし者」たちは、２００９年５月５日の集会を秘密にした。この集まりにようやく気付いたのが、英国の新聞『ガーディアン』と『サンデー・タイムズ』だった。５月24日、『サンデー・タイムズ』は次のように報じた。

「私たちがこの会合があったことを知ったのは偶然だった。こうした人々は彼らの慈善事業を嬉しそうに話すのが常である。ところが今回だけは違った。その理由は恐らく自分たちのやっていることが地球規模の悪だくみであると思われたくなかったからであろう」[*3]

彼らは、それぞれが思う課題を15分ほどで発表したのち、最も喫緊の課題は何かを検討した。そして誰もが同意したのが、「世界の多すぎる人口を何とかしなくてはならない」であった。

言うまでもなく、この会議をその方向にリードしたのはビル・ゲイツだった。

「各国政府の制約を受けない組織を利用して人口削減を図る。そのために巨額資金を投入する。そうした資金は出席者それぞれが提供する」（傍線筆者）

これが彼らの合意事項であった。注意してほしいのは傍線部である。傲慢なる大富豪らは、国家の制約を受けないやり方を知っていた。国家の上部組織かのように振る舞う国連やその関連組織を操ることで、各国政府の制約を受けないやり方で人口削減を実行するのである。国連組織、たとえば世界保健機構（WHO）を彼らが操るのは難しいことではなかった。

WHOは個人・団体献金を受け入れている。ゲイツの運営するビル&メリンダ・ゲイツ基金のWHOへの献金額は莫大である。USニュースは「ゲイツ基金のWHOへの献金額は米国政府の拠出金とほぼ同額」（2020年5月29日付[*4]）と報じている。これこそが「国家の制約を受けないやり方」であった。

「世界の人口は10%から15%削減させることができる」

マンハッタンでの秘密会議の翌年、2010年2月、ビル・ゲイツはカリフォルニア・ロングビーチでスピーチした。スピーチの場を提供したのはTEDという団体である。TEDは、

Technology, Entertainment、Design の頭文字を取ったものだ。

　要するに「人間行動を統一的に変化させることができる」、つまりより良い社会を「頭の良い人間が設計可能である」と信じる人々の団体である。ビル・ゲイツは、同類が集まる集会でつい本音を吐露した。

　彼は、まず二酸化炭素の排出による地球温暖化の恐怖を語った。そうしておいて、「過大な人口が地球環境にさらに大きな負荷をかけている。このままでは地球が持たない」と訴え、聴衆の恐怖を煽った。極めつきは次の言葉だった。

「もし新しいワクチンの導入、保険衛生サービスの充実などができれば、世界の人口は10％から15％削減させることができる」[*5]

　非論理的な物言いであることは常識でわかる。「もし新しいワクチンの導入や保険衛生サービスの充実などができれば、世界の人口を10％から15％増加させることができる」でなくてはおかしい。ビル・ゲイツは気の合う仲間の集まった席で口を滑らせたのである。彼は薬（新ワクチン）を使っての人口削減は正しいことだと「ぶった」のである。

　実際、その計画はインドで進められていた。もちろんその資金を出していたのはビル＆メリンダ・ゲイツ基金だった。

＊1、2　https://eleminist.com/article/3396

＊3　https://www.thetimes.com/article/billionaire-club-in-bid-to-curb-overpopulation-d2fl22qhl02

＊4　https://www.usnews.com/news/articles/2020-05-29/gates-foundation-donations-to-who-nearly-match-those-from-us-government

＊5　https://www.reuters.com/article/fact-check/bill-gates-quoteabout-vaccines-and-population-growth-has-beentaken-out-of-cont-idUSL1N2MF1L8/

第３節　インドで進められていた奇妙な新ワクチンテスト：人口削減狙いか

高まるゲイツへの警戒感

前節で、ビル・ゲイツの不可思議な発言「もし新しいワクチンの導入、保険衛生サービスの充実などができれば、世界の人口は10％から15％を削減させることができる」について書いた。

ゲイツは、どうも口を滑らせてしまったことに気付いたようである。多くの人々が人口削減の「悪意」の存在に気付き、ゲイツへの警戒感を高めた。沈静化させたいゲイツの思いを代弁するかのように主要メディアがゲイツ擁護の記事を掲載した。その典型が、ロイターの記事（２０２１年４月22日付）であった。

「ビル・ゲイツのワクチンと人口増加問題のスピーチがまたしても元の文脈と外れて引用され

ている」が見出しであった。[*1] 実際のゲイツの喋りを聞けば、新ワクチンで人口を減らせるとはっきり言っている。けっして文脈から外れた引用ではない。世界の主要メディア報道の堕落がよくわかる。広告主への度を超えた忖度記事である。

子宮頸がんワクチンの重篤な副作用

実際このころ、新しいワクチンを使って人口削減の可能性を探ると思われる実験がインド中央部のテランガーナ州で行われていた。子宮頸がん防止効果があるといわれる新ワクチンの治験である。およそ1万4000人の9歳から15歳の少女を対象に2009年から始まっていた。つまり、マンハッタンでの秘密会議の頃にはビル・ゲイツはすでに人口削減計画に着手していた可能性が高いのである。

多くの少女が体調を崩しているという情報を受けて、あるNGO団体が調査に入ると、およそ120人が重篤な副作用に苦しんでいることがわかった。副作用の症状は、てんかん、強烈な胃痛・頭痛、気分の急変といったものであった。さらには、接種後に突然に始まった初潮、激しい出血、生理痛なども報告されていた。

さらに驚くのは、同意書の半数ほどが文盲の親による拇印捺印だった。したがって少女たちの多くが何のための注射なのかわからないまま接種していたのである。合計で７つの死亡例があったが、すべてワクチン接種とは無関係として処理されていた。

この治験を実施したのはアメリカのＮＧＯ団体ＰＡＴＨ（Program for Appropriate Technology in Health：適正保健医療計画）であり、この団体を資金援助してきたのがビル＆メリンダ・ゲイツ財団だった。

ＰＡＴＨの設立は、アメリカのシアトル、つまりマイクロソフトの本拠地だけに、ビル・ゲイツとの関係が深いだろうことはすぐにわかる。いうまでもなく、ＰＡＴＨはゲイツ財団に加えて大手製薬会社からも資金提供を受けていた。

ＰＡＴＨはインド医療リサーチ評議会との覚書を交わして上記の治験を始めていた。しかしその作業があまりに杜撰だったため裁判となっていた。

２０１３年９月９日付『サイエンス』誌は、「インド議会、子宮頸がんワクチン治験に厳しい目」と見出しをつけ、ＰＡＴＨの杜撰な治験を詳しく報じている。[*2]

２０１４年８月には、インド最高裁が、覚書が交わされた経緯を明らかにするようＰＡＴＨとインド医療リサーチ評議会に求める騒ぎにまで発展している。インド政府は、計画そのものを知らなかった。

インドで疑惑の治験が行われていたワクチンはガーダシル（GARDASIL）と呼ばれる子宮頸がんワクチンであった。

インドでは最高裁、政府を巻き込んだ事件に発展したガーダシル治験であったが、このワクチンは日本では2011年7月、承認された。厚労省は2013年4月に予防接種法に基づく定期接種を決めたが、早くも6月には積極的勧奨を中止した。重篤な副反応報告が相次いだからである。2016年7月には副反応による被害者63名が国および製薬会社を提訴した。[*3]訴訟は現在も継続中である。

しかし厚生労働省は、子宮頸がんワクチンの接種率を上げようとPR活動をやめていない。政府広報オンライン（2024年11月2日付）[*4]は次のように接種を勧奨している。

「9価HPVワクチンが公費で接種できるようになりました。

比較的若い世代の女性に発症しやすい子宮頸がんは、そのほとんどがヒトパピローマウイルス（HPV）の感染が原因で起こりますが、HPVの感染を防ぐ『HPVワクチン』の接種により、発症のリスクを低くすることができます。

HPVワクチンには3種類があり、令和5年（2023年）4月からは、従来から公費で接種可能な2種類に加え、『9価HPVワクチン』も公費で接種できるようになりました」

発生頻度	2価ワクチン（サーバリックス®）	4価ワクチン（ガーダシル®）	9価ワクチン（シルガード®）
50%以上	疼痛*、発赤*、腫脹*、疲労	疼痛*	疼痛*
10%から50%未満	掻痒（かゆみ）、腹痛、筋痛、関節痛、頭痛など	紅斑*、腫脹*	腫脹*、紅斑*、頭痛
1から10%未満	じんましん、めまい、発熱など	頭痛、掻痒感*、発熱	浮動性めまい、悪心、下痢、掻痒感*、発熱、疲労、内出血*など
1%未満	知覚異常*、感覚鈍麻、全身の脱力	下痢、腹痛、四肢痛、筋骨格硬直、硬結*、出血*、不快感*、倦怠感など	嘔吐、腹痛、筋肉痛、関節痛、出血*、血腫*、倦怠感、硬結*など
頻度不明	四肢痛、失神、リンパ節症など	失神、嘔吐、関節痛、筋肉痛、疲労など	感覚鈍麻、失神、四肢痛など

サーバリックス®添付文書（第14版）、ガーダシル®添付文書（第2版）、シルガード®9添付文書（第1版より改編）　*接種した部位の症状

『政府広報オンライン』より

接種勧奨だけでなく、一応は副作用（副反応）についても記載している。ここに示した表が3種類のワクチンの副作用リストである。

このようなリストの掲載は一見良心的に見えるが、若い女性にとっての重要な懸念点について書かれていない。それが不妊の可能性である。子宮頸がんワクチンで不妊になる可能性については、次のような専門家の意見があった（ASKDoctors、2016年9月12日付）[*5]。

「子宮頸がんワクチンを接種すると不妊になるのではないかという指摘があり、子宮頸がんワクチンの中に含まれるアジュバント（免疫増強剤）が不妊の原因になる可能性が指摘されてい

ます。
しかし、現段階で子宮頸がんワクチンによる不妊症の報告例はなく、関係性も証明されていません。もともと『海外でアジュバントを家畜に投与したことで不妊になった』という話から、不妊との関係性が指摘されるようになりましたが、家畜にどのくらいの量を何回、どんな形で投与したのかは分かっておらず、子宮頸がんワクチンの接種と同じように考えることはできません。
子宮頸がんワクチンに含まれるアジュバントは微量で、3回接種程度で不妊になるとは考えられていません。しかし、まだ新しい薬であり、長期での臨床報告がないため、絶対に関係がないとも言い切れません」（傍線筆者）
この意見書に書かれているように、子宮頸がんワクチンの接種が不妊の原因になるか否かについては、長期的に経過を見なくてはわからない。仮に子宮頸がんワクチンに、厚労省や製薬メーカーが主張するような効果があったとしても、不妊の可能性が高まるのであれば、接種をためらう女性も出てくるのが当然である。

女性の意志を尊重すべき

2018年6月11日、不妊の可能性について追跡調査した論文が発表された。*6

A lowered probability of pregnancy in females in the USA aged 25-29 who received a human papillomavirus vaccine injection

Gayle DeLong [1]

Affiliations + expand

PMID: 29889622　DOI: 10.1080/15287394.2018.1477640

Retraction in

Statement of Retraction: [A lowered probability of pregnancy in females in the USA aged 25-29 who received a human papillomavirus vaccine injection].

[No authors listed]

J Toxicol Environ Health A. 2022 Sep 2;85(17):i. doi: 10.1080/15287394.2019.1669991. Epub 2019 Dec 10.

PMID: 31821111　No abstract available.

Abstract

Birth rates in the United States have recently fallen. Birth rates per 1000 females aged 25-29 fell from 118 in 2007 to 105 in 2015. One factor may involve the vaccination against the human papillomavirus (HPV). Shortly after the vaccine was licensed, several reports of recipients experiencing primary ovarian failure emerged. This study analyzed information gathered in National Health and Nutrition Examination Survey, which represented 8 million 25-to-29-year-old women residing in the United States between 2007 and 2014. Approximately 60% of women who did not receive the HPV vaccine had been pregnant at least once, whereas only 35% of women who were exposed to the vaccine had conceived. For married women, 75% who did not receive the shot were found to conceive, while only 50% who received the vaccine had ever been pregnant. Using logistic regression to analyze the data, the probability of having been pregnant was estimated for females who received an HPV vaccine compared with females who did not receive the shot. Results suggest that females who received the HPV shot were less likely to have ever been pregnant than women in the same age group who did not receive the shot. If 100% of females in this study had received the HPV vaccine, data suggest the number of women having ever conceived would have fallen by 2 million. Further study into the influence of HPV vaccine on fertility is thus warranted.

"A lowered probability of pregnancy in females in the USA aged 25-29 who received a human papillomavirus vaccine injection"

執筆者はゲイル・ディロング（ニューヨーク市立大学）である。ディロングは、米国女性25歳から29歳の出生率が急激に低下していることに注目した。2007年には1000人当たり118であった数字が、2015年には105に低下していた。

ディロング女史は、子宮頸がんワクチンの接種別に統計をとった。25歳から29歳のワクチン未接種の女性の60％が最低一度妊娠していたが、同じ年齢層のワクチン接種者の妊娠は35％であった。同年代の既婚女性に限ると未接種者の妊娠率は75％であり、接種者のそれは50％であった。彼女の結論は、「子宮頸がんワクチンが、統計的に有意に悪さ（不妊の惹起）をしている可能性があるので、この問題について十分な調査が必要である」というものであった。このワクチンは不妊を引き起こす疑いが高まったのである。

そうなれば、接種前に、ベネフィットとリスクについて接種対象となる女性に十分な説明が必要だ。不妊の確率を高めるのであればワクチンは打ちたくないという女性もいる。政府（医療関係組織、官僚）はそうした意志を尊重すべきなのである。

不思議なことにここに示したゲイル・ディロング論文はたちまち自主撤回された。自主撤回といっても実質、撤回を強制されたのであろう。

この論文は、「子宮頸がんワクチン接種者と未接種者の不妊率に明かに統計的に有意な違いがある。子宮頸がんワクチンがその原因となっている可能性があるので、さらなる調査研究が必要である」と主張したにすぎなかった。これに他の研究者が、接種と不妊の関係（メカニズム）が不明なでたらめ論文だと批難した。その結果、この論文は「自主的に」撤回されたのである。

筆者は、製薬会社、御用医学専門家、大学関係者、政府医療系官僚組織などから強い圧力が論文執筆者にあったのではないかと疑っている。

＊１　https://www.reuters.com/article/fact-check/bill-gates-quoteabout-vaccines-and-population-growth-has-beentaken-out-of-cont-idUSL1N2MF1L8/
＊２　https://www.science.org/content/article/indian-parliament-comes-down-hard-cervical-cancer-trial
＊３　https://www.hpv-yakugai.net/q6
＊４　https://www.gov-online.go.jp/useful/article/202306/1.html
＊５　https://www.askdoctors.jp/articles/200186
＊６　https://pubmed.ncbi.nlm.nih.gov/29889622/

第４節　北米臨床医たちの奮闘：重篤コロナ患者を救う

ＦＬＣＣＣによる処方箋

コロナウイルスは、北米ではＣＯＶＩＤ－19と呼ばれている。コロナ（Corona）のＣＯ、ウイルス（Virus）のＶ、病（Desease）のＤ、発生した年（２０１９年）の19を合成した造語である。

先に書いたように、武漢で発生した肺炎患者の容態は従来の処方ではまったく改善しなかった。その病が北米にも瞬く間に伝播した。そうした状況の中で北米の臨床医たちは、なんとか重篤化した患者たちの容態を緩和しようと努めた。

そうした医師たちは効果ある処方の情報交換グループを結成した。それがＦＬＣＣＣ（ＣＯＶＩＤ－19最前線救命救急同盟）だった。２０２０年3月に臨床医のポール・マリク、そして救急救命治療医のピエール・コーリーらが中心になって立ち上げた。

ＦＬＣＣＣは、病院でも見放された患者たちも含めて、既存の薬のコンビネーション投与によってコロナの症状が劇的に改善することを見出した。情報共有を通じて高い効果のあった処方箋をインターネット上で公開した。ここにＦＬＣＣＣが公開した処方箋を示した。２０２１年４月26日に発表されたもので、改訂第10版である。

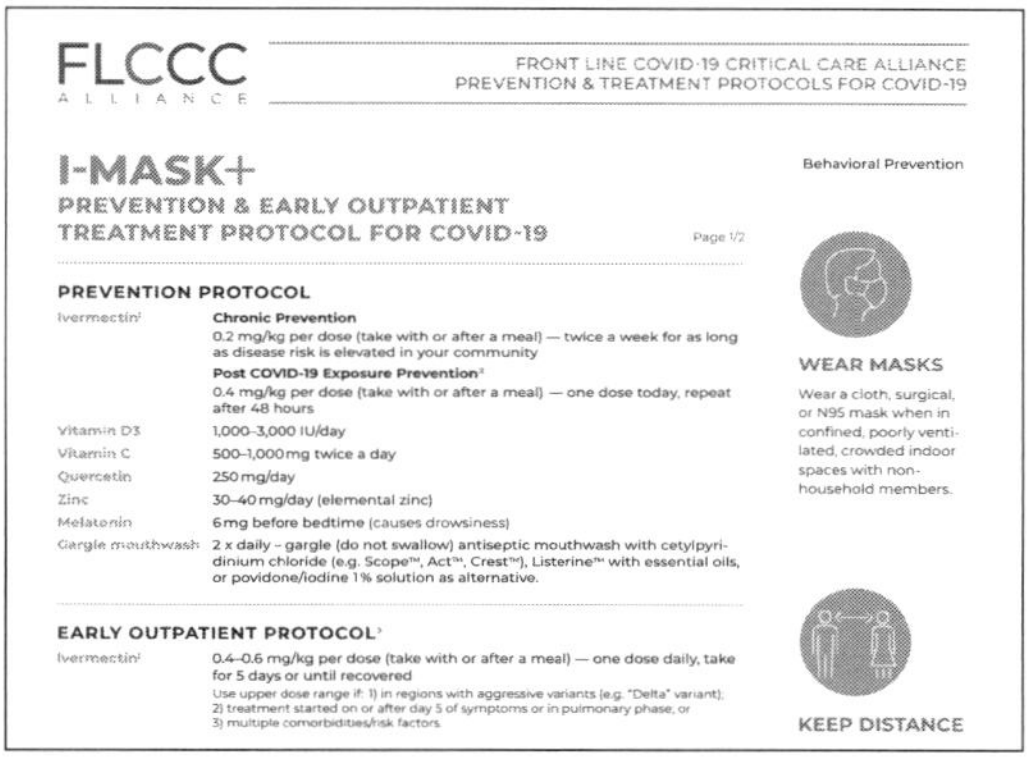

FLCCC ALLIANCE

FRONT LINE COVID-19 CRITICAL CARE ALLIANCE
PREVENTION & TREATMENT PROTOCOLS FOR COVID-19

I-MASK+
PREVENTION & EARLY OUTPATIENT TREATMENT PROTOCOL FOR COVID-19

Page 1/2

PREVENTION PROTOCOL

Ivermectin[1]	**Chronic Prevention** 0.2 mg/kg per dose (take with or after a meal) — twice a week for as long as disease risk is elevated in your community **Post COVID-19 Exposure Prevention**[2] 0.4 mg/kg per dose (take with or after a meal) — one dose today, repeat after 48 hours
Vitamin D3	1,000–3,000 IU/day
Vitamin C	500–1,000 mg twice a day
Quercetin	250 mg/day
Zinc	30–40 mg/day (elemental zinc)
Melatonin	6 mg before bedtime (causes drowsiness)
Gargle mouthwash	2 x daily – gargle (do not swallow) antiseptic mouthwash with cetylpyridinium chloride (e.g. Scope™, Act™, Crest™), Listerine™ with essential oils, or povidone/iodine 1% solution as alternative.

EARLY OUTPATIENT PROTOCOL[3]

Ivermectin[1]	0.4–0.6 mg/kg per dose (take with or after a meal) — one dose daily, take for 5 days or until recovered Use upper dose range if: 1) in regions with aggressive variants (e.g. "Delta" variant); 2) treatment started on or after day 5 of symptoms or in pulmonary phase; or 3) multiple comorbidities/risk factors

Behavioral Prevention

WEAR MASKS
Wear a cloth, surgical, or N95 mask when in confined, poorly ventilated, crowded indoor spaces with non-household members.

KEEP DISTANCE

『FLCCC ALLIANCE』2021年４月26日

未感染者の予防策については次のように指導されている。イベルメクチンを体重キログラム当たり０・２ミリグラムで初日１回。食中あるいは食後すぐ。２日後に同じ量を繰り返す。その後は週１回のペースで繰り返す。

感染者については次のようになっている。

０・２〜０・４ミリグラム／キログラム

感染に気付いた後にすぐ、48時間後に２回目以降を繰り返し、症状緩和まで続ける。また補助的な栄養として日々、ビタミンＤ３を１０００から３０００アイユー、ビタミンＣを５００〜１０００ミリグラム、ビタミンＰ

（ケルセチン）を２５０ミリグラム、亜鉛を30～40ミリグラム、メラトニンを就寝前６ミリグラムの摂取。特に亜鉛の摂取は重要である。

具体的な処方がしっかりと書かれている。ここに示された処方箋に従うことは難しいことではない。私たちにはなじみの薄かったイベルメクチンさえ入手できれば、あとはサプリメントとして容易に入手できる。

ＦＬＣＣの真摯な活動を追っていた筆者はこの処方箋を信用できると考え、実行しようとした。重要だと言われている亜鉛やビタミン類の入手は容易だった。しかし、処方の中心であるイベルメクチンが入手できなかった。

それでも他のサプリメントの服用を続けたせいか、筆者は未接種であるが未だにコロナに１度も感染していない。

接種の有無を本来なら公表する必要がない。あえてここで未接種を公表するのは、世間にはあまりに腹黒い輩がいるからである。自身は未接種であるにもかかわらず、他者には接種を勧める医師やインフルエンサーとよばれる知識人（筆者はこうした連中のほとんどが似非知識人だと思っている）が多いからである。自身が未接種であるにもかかわらず、県民に積極的に接種を勧奨した川勝平太・前静岡県知事もその類である。職員の接種率を公開しない厚生労働省も同様である。

イベルメクチンが目の上のたんこぶに

イベルメクチンの効果については日本にも伝わっていた。2021年8月19日付『読売新聞』は、東京都医師会会長尾崎治夫氏の考えを伝える記事「今こそ『イベルメクチン』使え」を掲載した。彼の主張の要点は次のようにまとめられていた。[*1]

1、イベルメクチンが新型コロナの予防にも治療にも効果があるという論文が相次いで発表されているが、すでに「使用国」とされている日本では使用が進んでいない。
2、感染爆発が進む今こそ使用すべきだが、使おうにもイベルメクチンがない、政府の副作用被害救済制度の対象になっていないなどの課題がある。
3、日本版EUAを早く整備して、現場の医師が使用できる体制になれば、自宅待機や療養の患者にも投与できる。政府は積極的に使用促進に取り組むべきだ。

mRNAワクチンを開発し、使用承認に向けて動き出していたファイザーなどの製薬会社にとってイベルメクチンが目の上のたんこぶになった。その効果が広く認められればワクチンは不要となる。それまでに費やした開発コストが水泡に帰す。イベルメクチンはどうしても潰したい。

筆者は、製薬会社と医療系官僚が何らかのマスタープランに基づいて、あるいは阿吽の呼吸によって「イベルメクチンは危険キャンペーン」を始めたと疑っている。

尾崎氏のイベルメクチン使用勧奨の意見記事が出たわずか2日後の8月21日、ジャーナリスト岩澤倫彦氏による「『イベルメクチンこそ新型コロナの特効薬』を信じてはいけない5つの理由：有効性はまだ確認されていない」と題した記事が『プレジデントオンライン』に掲載された。[*2]

米国の医療機関のイベルメクチン・バッシング記事をそのままコピーし、日本風にアレンジした内容だった。FLCCCによる臨床結果についての言及は一切なかった。筆者は次の一文に注目した。

「一部の医師やメディアが『重症化を防ぐコロナの特効薬』『副作用もなく安全』として紹

介、SNSでは『イベルメクチンがあれば、ワクチン不要』という情報まで飛び交う」（傍線筆者）

ワクチン製造会社の恐れをうかつにも仄めかしたような文章だった。「イベルメクチンによってワクチン不要になったら困る」。これが彼らの本音だった。

岩澤論文は、イベルメクチンは「処方量によっては重い副作用が出る危険もある」と書いていた。あらゆる薬が処方量を間違えれば危険である。

２０２０年にはアフリカを中心に４億人にも投与されているイベルメクチンに対して「処方量によっては重い副作用が出る危険もある」と書くことがいかに無責任であるか、執筆者は自覚していない。そもそも彼が言及していないＦＬＣＣＣの処方箋には、その処方量もしっかりと記載されている。

この記事には、イベルメクチンの服用は怖いと読者を不安にさせるサブリミナルメッセージがふんだんに散りばめられていた。岩澤論文に似たような内容の記事が世界中にばらまかれた。イベルメクチン・バッシング・キャンペーンが始まったのである。

２０２１年９月、アメリカ医師会は突然に、「コロナ治療薬としてイベルメクチンを処方するな」と所属の医師に通知した。この措置に、アメリカ薬剤師協会も追随した。アメリカ医師会の発表は次のようなものであった。

「外来患者による要求で、イベルメクチンの処方がコロナ発生以前に比べて24倍に増えた。過去数か月その数は幾何級数的に増加している。医師会は、臨床医に直ちにイベルメクチンをコロナ治療薬として処方することを中止するように求める」

「コロナ患者に対してイベルメクチンをコロナ治療に服用しないように警告する」

こうして製薬会社あるいは医療行政機関（医療系官僚）の思惑通り、世界の医療機関がイベルメクチンの使用に制限を受けるようになった。カナダでは、臨床医は、イベルメクチンをコロナ患者に処方すれば罰せられるまでになった。心ある医師は、コロナ患者に「イベルメクチンの処方を受けたければ、腹に寄生虫が沸いたといってくれ。コロナという言葉を使ってはならない」と密かに呟（つぶや）いた。寄生虫駆除であれば医師は罰せられない。

通常の購入承認プロセスを無視したワクチン購入契約

イベルメクチン・バッシングが盛んになっているころ、ファイザーは頂上マーケティングを推進していた。世界中の医療行政のトップに売込みを図っていた。その典型がＥＵに対する売

Parliamentary question - E-003051/2022
European Parliament

Download

The report that von der Leyen negotiated 1.8 billion corona vaccines with Pfizer on her own

13.9.2022

> Answer in writing

Question for written answer E-003051/2022/rev.1
to the Commission
Rule 138
Marcel de Graaff (NI)

The Court of Auditors has reported that the Commission's procurement of COVID-19 vaccines was deficient. The bottom line is that the contracts with vaccine manufacturers lacked hard outcome obligations (such as delivery schedules) and concrete compliance mechanisms. To make matters worse, Commission President Ursula von der Leyen negotiated on her own.[1]

ＥＵ議会ホームページより

り込みであった。

ファイザーのアルバート・ブーラＣＥＯは、フォン・デア・ライエンＥＵ委員長を籠絡した。サシの交渉でＥＵ人口１人当たり10回分のワクチン購入契約を決めた。通常の購入承認プロセスをまったく無視したやり方だった。

ここにＥＵ議会２０２２年９月13日付声明を示した。[*3]「フォン・デア・ライエン委員長判断で18億本のワクチン購入」と題された声明だが、委員長独断であることを明確にしていた。議会はこの行為が、通常の意思決定プロセスを無視したことを問題視した。購入経緯について明らかにするようライエン委員長に迫った。そして監査が始まった。

しかしＥＵ執行部はこの監査に非協力を決めた。ライエン委員長は、ブーラＣＥＯとのやり取りの残された交

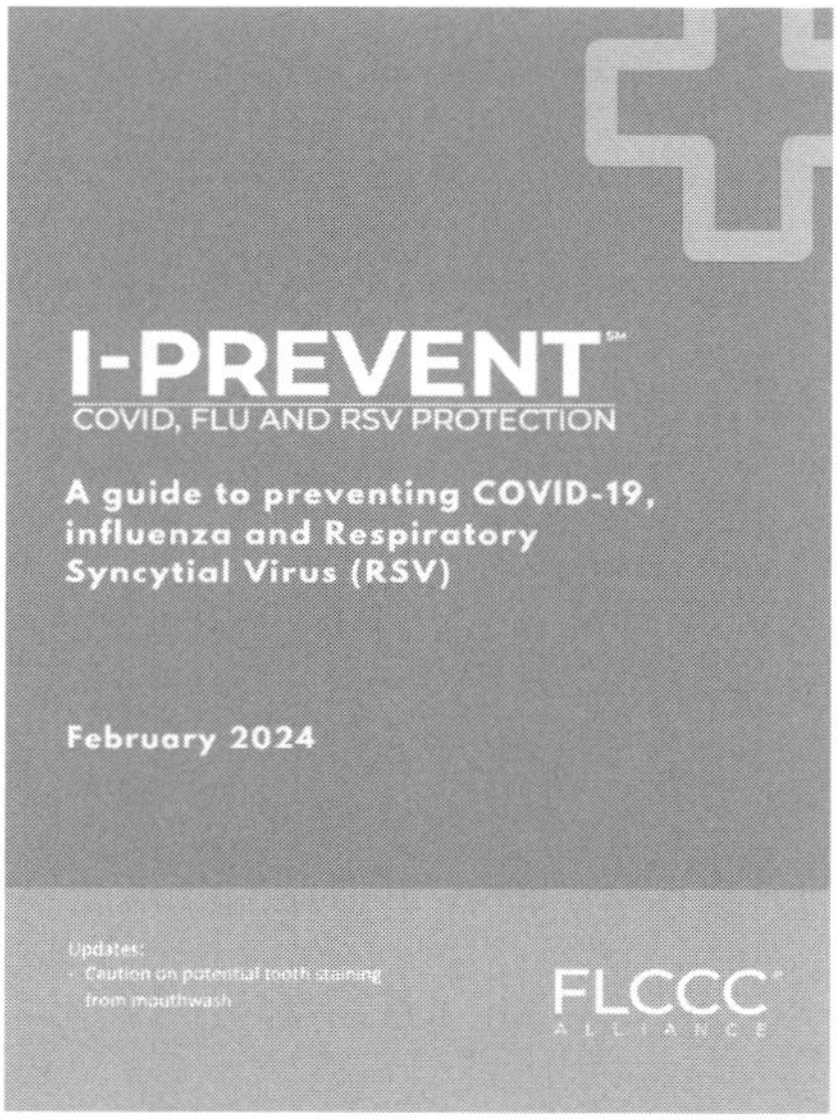

"I-PREVENT: COVID, Flu and RSV Protection"

信記録を自身の端末から抹消した。彼女の指揮によるのだろうが、ＥＵ執行部も監査非協力の立場を取った。

ライエン委員長は、ドイツ出身の女性政治家である。彼女は一時ドイツ防衛大臣であった。しかし、収賄容疑で失脚した過去があった。[*4] 彼女は金に汚い政治家であるとの噂は従前からあった。そのこともあって、彼女のブーラＣＥＯとの独断による大量のワクチン購入計画にも疑惑の目が向けられたのである。

なお、ＦＬＣＣＣによる最新のコロナ及びインフルエンザに対する予防処方について、ＦＬＣＣＣの２０２４年２月に発表された文書[*5]を示した。英文であるが参考にされたい。

＊1　https://www.yomiuri.co.jp/choken/kijironko/cknews/20210818-OYT8T50030/

＊2　https://president.jp/articles/-/49105?page=5

＊3　https://www.europarl.europa.eu/doceo/document/E-9-2022-003051_EN.html

＊4　https://www.politico.eu/article/the-scandal-hanging-over-ursula-von-der-leyen/

＊5　https://covid19criticalcare.com/wp-content/uploads/2022/12/I-PREVENT-2024-02-01.pdf

第5節　興和の不可思議な2つの発表

たった半年でプレスリリースを撤回

日本でも不思議な事件が起きていた。２０２２年1月31日、製薬会社である興和が重要なプレスリリースを発表した。標題は、「イベルメクチンの『オミクロン株』への抗ウイルス効果を確認[*1]」となっている。

このプレスリリースは重要である。少し長くなるが、その全文を読んでみたい。

「興和株式会社は、新型コロナウイルス（ＳＡＲＳ－ＣｏＶ－２）感染症治療に対する第Ⅲ相臨床試験（開発コード：Ｋ－２３７）で使用している治験薬「イベルメクチン」につきまして、北里大学との共同研究（非臨床試験）から、既存の変異株（アルファ・ベータ・ガンマ・デルタ株）と同様に、オミクロン株に対しても同等の抗ウイルス効果があることを確認いたしました」

「興和は２０２１年7月に発表したとおり、ノーベル生理学医学賞受賞の大村智北里大学特別栄誉教授から直接、新型コロナウイルス感染症を対象とした、治療薬としてのイベルメクチンの臨床試験実施についてご依頼を受けました。新型コロナウイルス感染症治療に少しでも貢献し、国民の健康を守っていくことが製薬会社の使命と考え、イベルメクチンの新型コロナウイルス感染症に対する有効性ならびに安全性を確認するための臨床試験を実施しています」

「イベルメクチンは寄生虫感染症治療薬として、ＷＨＯが感染地域に30年以上にわたって配布しています。特にアフリカの一部の国では、ボランティアが人々に直接配布するほどの安全性が確認されています」

「また、イベルメクチンはＳＡＲＳ－ＣｏＶ－２の細胞内への侵入抑制と複製阻害という作用が報告されており、ドラッグリポジショニングとしての新型コロナウイルス感染症治療薬（錠剤）としての応用が期待されています」

「なお、本臨床試験では、寄生虫感染症治療薬としてすでに承認されている用法・用量と異なっていますが、臨床試験の中で有効性・安全性を確認しているところです」

ところがこのプレスリリース発表後しばらく経った2022年9月26日、興和の三輪芳弘社長が「イベルメクチンに有効性を見出すことができなかった」と記者会見したのである。これを報じた『朝日新聞』の記事[*2]は次のようなものであった。

「新型コロナウイルス感染症の治療薬への転用をめざしていた抗寄生虫薬『イベルメクチン』について、効果や安全性を確かめる臨床試験（治験）を行っていた興和（本社・名古屋市）は26日、『主要な評価項目で統計的な有意差が認められなかった』とする結果を発表した。今後、詳細な分析を進めるが、現時点ではコロナ治療薬としての承認申請は考えていないという」

筆者は、新型ワクチンの接種を進めたい勢力、つまり日本の厚労官僚、大手製薬会社、そうした企業に投資する金融機関、ワクチンの導入で利益を期待できる医師の団体などといった勢力が、興和にとてつもない圧力をかけたのではないかと疑っている。たった半年ほどで、効果があるとしたものを効果なしと変更しただけに、何かあったのではないかと疑うことは自然である。そのうえわざわざ社長による記者会見であったから、イベルメクチンを「退治」したい勢力の影を見るのである。

＊１　https://www.kowa.co.jp/news/2022/press220131.pdf
＊２　https://www.asahi.com/articles/ASQ9V6DWHQ9VUTFL00P.html

第6節 第2次トランプ政権に怯える医療系マフィア

医療系マフィアの構造

ここまでの記述をビジュアルで理解できる図がある。掛谷英紀・筑波大学准教授（システム情報系）が作成したものである。これを見れば医療をめぐる悪の構図がはっきりと理解できる。掛谷氏はこの図を「米国医療産業複合体の構造」と命名しているが、筆者は「医療系マフィアの構造」としたい。この構図は日本でも基本的に同じである。

この図に掛谷氏は1つだけ重要なポイントを意図的に外しているようである。前述のビル・ゲイツに代表される人口削減論者の存在である。「医療系マフィアの構造」をさらに強化させるように莫大な資金を投入しているのが彼らである。そのことを示す好例がWHOへのゲイツ財団の巨額な資金援助である。すでに書いたように財団からの寄付金は加盟国の拠出金に匹敵するほどである。

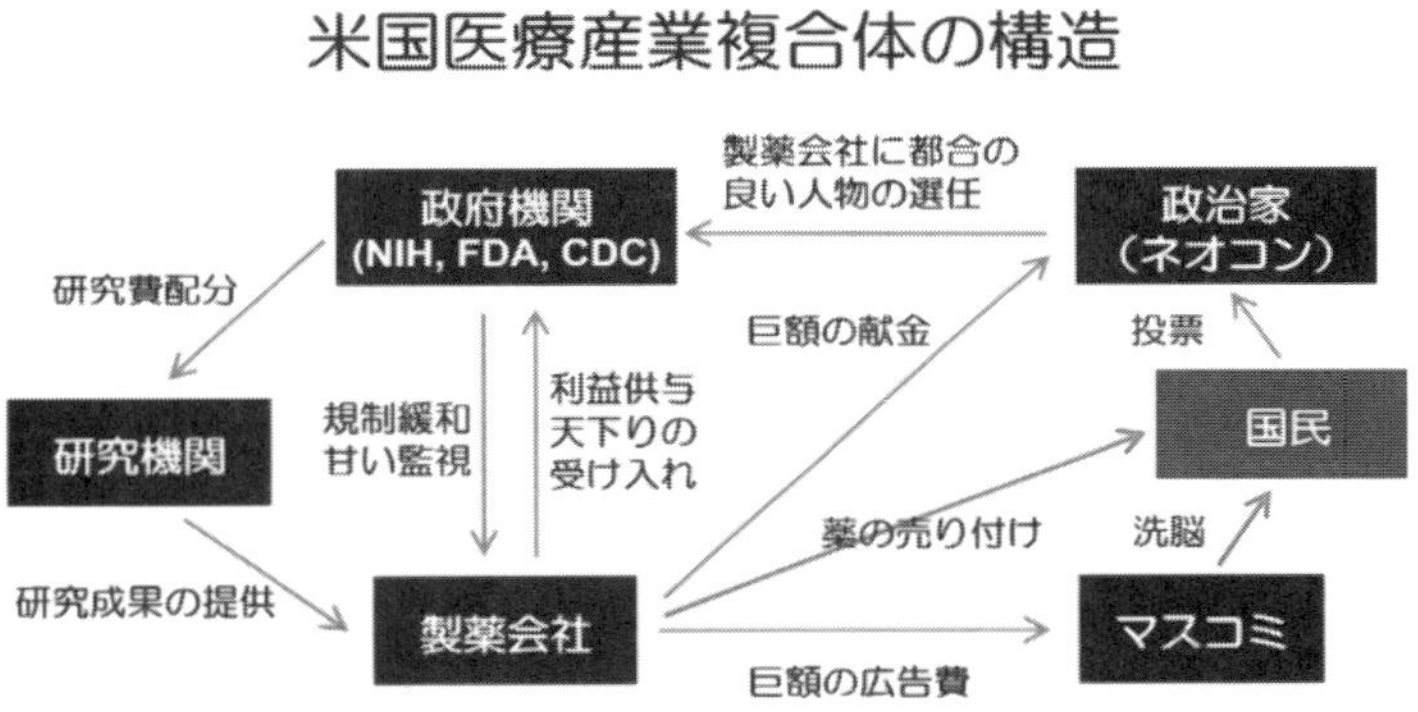

医療系マフィアの構図（掛谷英紀氏作成）

この悪の構図の存在に早い段階から気付いていたのがロバート・ケネディJr.だったのである。とりわけ彼が問題視していた人物が、アンソニー・ファウチ国立アレルギー感染症研究所所長である。彼の悪行を暴いた書『The Real Anthony Fauci』をケネディJr.が上梓したことは既に書いた。ファウチは、巨額な政府予算を国内外の研究者や研究機関に配分する権力を握っていた。世界の医療専門家や医療系組織がファウチに好き放題にさせたのは、彼に逆らえば研究資金の蛇口を閉められるからであった。

２０２４年大統領選挙の帰趨が決定したのは、11月５日深夜から６日未明にかけてだった。ＦＯＸニュースなどがトランプの選挙人獲得数が過半数を超えたと報じるとトランプは直ちに勝利演説に臨んだ。トランプは、ケネディJr.がトランプ陣営に加わったことに感

KEN PAXTON
ATTORNEY GENERAL *of* TEXAS

Español About News Opinions Careers Contact Us

HOME > NEWS > NEWS RELEASES >
ATTORNEY GENERAL KEN PAXTON SUES PFIZER FOR MISREPRESENTING COVID-19 VACCINE EFFICACY AND CONSPIRING TO CENSOR PUBLIC DISCOURSE

November 30, 2023 | Press Release

Attorney General Ken Paxton Sues Pfizer for Misrepresenting COVID-19 Vaccine Efficacy and Conspiring to Censor Public Discourse

Texas Attorney General Ken Paxton has sued Pfizer, Inc., for unlawfully misrepresenting the effectiveness of the company's COVID-19 vaccine and attempting to censor public discussion of the product.

Pfizer engaged in false, deceptive, and misleading acts and practices by making unsupported claims regarding the company's COVID-19 vaccine in violation of the Texas Deceptive Trade Practices Act.

ケン・パクストン司法長官のホームページより

謝し、また彼の能力、実行力を褒めた。

そして、ケネディJr.には、環境問題以外の分野においては思い切りやってもらうと語った。このことは、ケネディJr.に医療系マフィアの構図に徹底的にメスを入れてもらうことを宣言したに等しかった。トランプの言葉通り、ケネディJr.は保健福祉長官に指名された。彼はどのようにメスを入れるのだろうか。

先に書いたように、危ないmRNAコロナワクチンを製薬メーカーが副作用が強いことを知りながらがむしゃらに投入できたのは、緊急使用時の免責特権が与えられているからであった。しかし、免責特権にはある重大な例外が規定されている。ワクチン製造会社に悪意があった場合である。薬品会社が、何か不都合のデータを意図的に悪意を持って隠したり改竄した場合がそれにあたる。

実は、すでにワクチン製造メーカー・ファイザーに対して悪意があったとして訴訟が起きている。原告は、テキサス州である。前頁にテキサス州司法長官ケン・パクストンによるプレスリリースを示した。２０２３年11月30日に発表されたものである。

パクストン司法長官は、次の２点を提訴の理由に挙げている。

1、コロナワクチンの効果について不法な虚偽報告があった
2、ワクチンの効果についての自由な議論を封じる検閲行為があった

そのうえで、同社の行為は、テキサス州法Deceptive Trade Practices Act（虚偽取引防止法）に違反すると主張している。Deceptive Trade Practices Actは、テキサス州版不法取引防止法である。

まず効果について、ファイザーはｍＲＮＡワクチンには95％の効果があると訴えていた。

この点については、これまで出てきたファイザーのＦＤＡへの報告書を含む内部文書から、全くの虚偽であったらしい疑いが出ている。内部文書から読み解いた効果は、わずか０．85％

にすぎないらしかった。

さらに95％の効果があるとした治験はわずか2カ月程度のものであり、ワクチンの長期的効果は全くの未知だった。

変異株への効果について治験を行っていなかった

さらに、ファイザー社CEOアルバート・ブーラは「我々の言葉を信用してほしい」と発言し、ブースターショットを強く勧めていた。それを信じたバイデン政権は実質強制接種政策を取った。左頁にそのことを報じた記事を示した。[*1]
ブーラCEOが、ブースター接種に効果がほとんどないことを知っていてこの発言をしていたのであれば、虚偽に基づいた宣伝行為を行ったとみなされる。
テキサス州パクストン司法長官は、ファイザー社が実際には変異株に対しての効果の有無について治験を行っていなかったことを問題視している。
パクストン長官は、ブーラCEOがCNBCのインタビューに答えた時の内容には強い疑念を持った。

『ＫＦＦヘルスニュース』2021年８月14日

「ブーラＣＥＯは、南アフリカのデータだと断りを入れてはいるがワクチンには、明白に１００％の効果があったと語った。変異株にも現行のワクチンは有効であるとまで言い切った。その一方で、変異種に備えて新型ワクチンをしっかり開発しているとも付言した。明らかに矛盾した発言だった。現行ワクチンに効果があればなぜ新しいワクチンを開発しているのか説明がつかない」

ブーラＣＥＯのこのような物言いがあった直後、米国政府は、５億本の追加購入を決定した。

ブーラＣＥＯにはもう一つ怪しい発言があった。

２０２１年６月８日、「子供たちが重篤化することは稀だが、ワクチンを接種することで感染を防ぐことができる。いま５歳から11歳への接種での効果の有無についてのテストを行っており、その（ポジティブな）結果が出るのを期待している」（傍線筆者）とツイートしていた。ここにその原文を示した。

　読者もわかっているように、ワクチンを接種しても感染している人が多くいる。むしろワクチン接種者のほうが未接種者よりも多く感染していたことを示すデータもある。

　実はファイザーは、ワクチン接種が他者への感染を防止するというデータを持っていなかった。テストをしていなかったのである。そのことがわかった（バレた）のは、2022年10月にEU議会で行われたファイザー幹部ジェニン・スモールに対する証人質問の場であった。オランダ代表EU議員ロブ・ルースの質問に、「そんな試験はおこなっていない」と臆面もなく証言したのである。

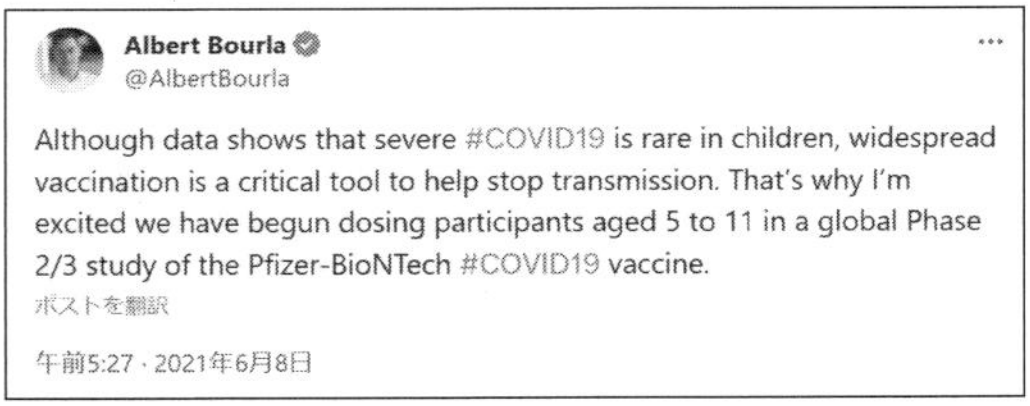
Albert Bourla
@AlbertBourla
Although data shows that severe #COVID19 is rare in children, widespread vaccination is a critical tool to help stop transmission. That's why I'm excited we have begun dosing participants aged 5 to 11 in a global Phase 2/3 study of the Pfizer-BioNTech #COVID19 vaccine.
ポストを翻訳
午前5:27 · 2021年6月8日

ブーラＣＥＯのツイッターより

「子供たちに、あるいは入院しているおじいさんやおばあさんに感染させないようにワクチンを打ちましょう」という接種キャンペーンがなされたことは記憶にまだ新しい。しかしそれを裏付けるデータは何処にもなかったのである。

テキサス州司法省は、データがないにもかかわらず、感染防止が期待できるとブーラＣＥＯ

ＥＵ議会で質問に答えるジェニン・スモール

が発言したことを問題視した。さらにファイザーが、ワクチン効果についての自由な議論を封殺しようとしたことも厳しく批判している。

「ワクチンに効果がないとわかると、ファイザーは、自由な議論をさせないことに決めた。ファイザーは、ワクチンの効果を疑うもの、つまり真実を語る者たちを沈黙させた」

「『偽情報を流布している』と非難し、ソーシャルネットワークに対して圧力かけた。そうして（アカウント閉鎖などにより）真実を伝えようとする者たちの意見を封殺した」

「（ファイザーの嘘と検閲によって）多くのテキサス州民が、ワクチン接種を強制された。彼らは欠陥製品を『嘘』をついて販売したのである」

「バイデン政権も、パンデミック防止を名目にして、製薬会社の利益となる不法な強制接種政策を進めた。私は、司法長官としてあらゆる手段を使って、ファイザーの（不法）行為によって騙され、そして健康被害を受けた州民を保護すると決断した」

パクストン司法長官は、ファイザーの虚偽によるマーケティング手法と言論統制によって蒙ったテキサス州民の損害に対して1000万ドルの賠償を求めている。

2024年6月17日、今度はカンザス州がファイザーを提訴した。訴因はテキサスと同様である。これもテキサス州と同様に、カンザス州消費者保護法違反を根拠にしていた。カンザス州はとりわけワクチンの妊婦への悪影響つまり流産などを引き起こす可能性についてのデータをファイザーが隠していたことに憤っている。カンザス州が求めている損害賠償額は公開されていない。[*2]

どちらの訴訟も進捗が遅れている。被告（ファイザー）が裁判管轄権などで争っているからだ。しかし、どれだけ裁判の進捗が遅れても結局は真実が明らかになるに違いない。

第2次トランプ政権ではケネディJr.が医療行政の抜本的改革に重要な役割を果たす。大統領選挙前のケネディJr.は、この大役を引き受ける気は満々であったが、その人事がワシントン上院で承認されないだろうと悲観的であった。しかし高官人事承認権を持つワシントン上院も共

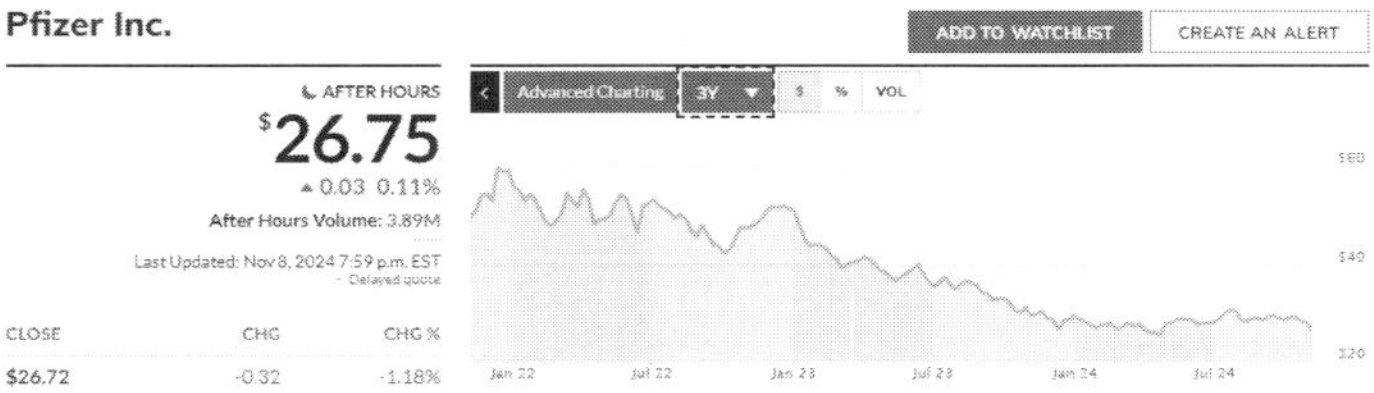

ファイザーの株価（2024年11月11日時点）

和党が過半数を取った。ケネディJr.が医療行政改革のリーダー格として活躍することが間違いない。

彼がまず実施するのは情報の完全開示であろう。ｍＲＮＡワクチンの認可プロセスがいかなるものであったか。これまでＦＤＡは、情報開示を渋ってばかりいたが、情報開示請求裁判に敗れた結果、大量の文書を公開せざるを得なくなった。ケネディJr.は、医療系官僚とファイザーに代表される大手製薬メーカーとの間でいかなる癒着があったのかを国民に知らせてくれるはずである。

その過程で、ファイザーの外国政府への工作の実態も明らかになるに違いない。

日本のワクチン行政はバイデン政権の焼き写しだった。本来であれば、テキサス州・カンザス州の提訴は十分なニュース価値がある。そうでありながら日本の主要メディアはだんまりである。

２０２３年10月16日、薬品関連株専門株価サイトFierce Pharmaはファイザーの苦境を次のような見出しで報じた。[*3]

「ワクチン底なしの売り上げ減。ファイザー売り上げ予想を９０億ドル下方修正。大型コスト削減計画」

前頁にファイザーの株価の過去３年の推移グラフを示した。[*4]

コロナの病が猖獗を極めていた２０２１年末から22年初には60ドルを突破しそうな勢いだった株価は２０２４年11月11日にはその半分以下の26ドル75セントまで下がっている。市場が、ワクチン市場の将来不安を織り込んでいるからだ。

ケネディJr.は、大手製薬会社には必ず厳しい態度で臨む。ファイザーのブーラＣＥＯの手法が公になり何らかの違法性がありとなれば、ファイザー株はさらなる下落が予想される。

＊1　https://www.kqed.org/news/11885106/pfizer-ceo-to-public-just-trust-us-on-the-covid-booster
＊2　https://www.reuters.com/legal/kansas-accuses-pfizer-misleading-public-about-covid-vaccine-lawsuit-2024-06-17/
＊3　https://www.fiercepharma.com/pharma/covid-product-sales-free-fall-pfizer-cuts-revenue-forecast-9b
＊4　https://www.marketwatch.com/investing/stock/pfe

第5章

ウクライナ戦争終結、ネオコン最後のあがき

戦争嫌いのトランプを嫌うリベラル

トランプ大統領は、選挙期間中自身が勝利すれば直ちにウクライナ戦争を終結させると国民に語っていた。彼の主張に真実性があることは誰にでもわかった。メディアはトランプを乱暴者で戦争を起こす危険な人物であるかのような偽報道を続けてきた。

しかし、第1次トランプ政権では新しい戦争を1度も起こさなかった。オバマ政権から引き継いだ現在進行形の戦いもその終息に努力した。彼は戦争が嫌いなのである。そうでありながら、平和志向であるはずの左翼リベラル層がトランプを嫌うという奇妙な現象が続く。

バイデン政権下では2つの戦争が勃発した。1つは2022年2月に始まったウクライナ戦争であり、もう1つは2023年10月からのイスラエル・ハマス紛争である。

どちらの戦争も急速に終結に向かうであろう。しかしワシントンに巣食う軍産複合体が、やすやすとトランプの軍門に下るはずもない。

第1節

ネオコンとは何か　歴史的考察：その1

ヨーロッパ諸国の南北アメリカ大陸への干渉を嫌う

本書に頻繁に登場する「ネオコン」という用語は、「ネオコンサーバティブ（Neo-Conservative）」の略語である。すでにこの言葉の意味をわかっている読者も多いはずである。本書の先行書にあたる『アメリカ民主党の欺瞞２０２０−２０２４』（ＰＨＰ研究所）の第２章「なぜボルトンは罷免されたのか」でも説明したことがある。

『アメリカ民主党の欺瞞2020-2024』

しかし、アメリカの仕掛ける現代の戦争の本質をクリアに理解するためにもう一度

IN CONGRESS. JULY 4. 1776

The unanimous Declaration of the thirteen united States of America.

独立宣言の採択と文書（複写）
（UIG／時事通信フォト、GRANGER／時事通信フォト）

振り返っておきたい。少し長くなるが、重要な概念なのでアメリカの歴史を紐解きながらじっくり書き込んでおく。

いうまでもなくアメリカは、英国の植民地であった。その独立はジョージ・ワシントンらの所謂建国の英雄たちが、宗主国英国との戦いに勝利することで獲得した。1776年7月4日、アメリカはフィラデルフィアで独立宣言を発した。

7月4日がアメリカの独立記念日の由縁である。

イギリスとの戦いでようやく勝ち取った独立だっただけに、アメリカはヨーロッパ勢力が北米大陸に介入することを極端に嫌うことになる。

ジェイムズ・モンロー（GRANGER／時事通信フォト）

アメリカ内政への干渉は言うまでもなく、中南米諸国へのヨーロッパ諸国への口出しにも反発した。ヨーロッパ諸国の南北アメリカ大陸への干渉を嫌うその性格は、アメリカ誕生の経緯から来る生来の性（さが）なのである。

1823年、アメリカ大統領ジェイムズ・

モンローはこのアメリカの主張を明確にした。それがモンロー宣言である。そのエッセンスを箇条書きにした。

モンロー主義の風刺画（GRANGER／時事通信フォト）

・アメリカはヨーロッパ諸国の紛争に干渉しない。
・ヨーロッパ諸国は南北アメリカに現存する植民地や属領を承認し、干渉しない。
・アメリカは南北アメリカの植民地化を、これ以上望まない。
・現在、独立に向けた動きがある旧スペイン領に対して干渉することは、アメリカの平和に対する脅威と見なす。

簡単に表現すれば、ヨーロッパ諸国は南北アメリカに干渉するな、その代わりアメリカもヨーロッパ問題には口出ししないというものだ。

つまり相互不干渉という態度をアメリカは取る、とモンロー大統領は宣言したのである。この考え方はモンロー主義と言われる。

19世紀のアメリカは、基本的にはこの考え方で外交を進めてきた。しかし、アメリカが南北戦争（１８６１～１８６５年）以後、保護貿易により国内製造業を発展させ、宿敵英国を上回る工業国に成長すると、かつての宗主国英国のように他国への干渉をしたくなる政治勢力が生まれた。20世紀に入ると、そうした勢力が強力になってきた。

ヨーロッパ問題に干渉したがる勢力とモンロー主義を墨守したい勢力とは外交方針を巡って角突き合わせるようになる。20世紀初めには２つの勢力は均衡を保っていた。

民主党は介入主義の政党

この均衡を崩したのは、アメリカ金融資本家の雄であるモルガン商会などの後ろ盾を受けて大統領に担ぎだされたウッドロー・ウィルソンだった。

ウィルソンは民主党の大統領である。読者もすでに気付いているように、アメリカ民主党は介入主義の政党だ。米国の金融資本家、そしてその後ろに控えるロンドンの金融資本家もその

ウッドロー・ウィルソン（dpa／時事通信フォト）

ターゲットは世界市場である。だからこそ彼らは、その活動の自由度を高めたがるのである。自由度を高めるために、どうしても外国政府へ干渉する。彼らは民主党の政治家を操ることでその狙いの実現を考えた。

１９１４年６月、オーストリアの皇位継承者であるフランツ・フェルディナントがサラエボで暗殺されたことをきっかけに、第１次世界大戦が始まった。干渉主義勢力によって担ぎだされたウィルソン大統領は、この戦争に介入する機会を窺っていた。いうまでもなく、イギリス・フランスの側に立って参戦したかった。英仏両国は、工業化の発展で必然的に生まれてくる自由貿易主義の国であった。つまり介入主義の国である。

英仏両国がコブデン・シュバリエ条約を結んで、自由貿易を世界に押しつけると決めたのは１８６０年のことである。１８７０年、プロシアは普仏戦争に勝利し、ドイツを統合した。ドイツはその後保護貿易主義で大国に成長した。英仏両国はドイツを何としても潰したかった。

この思いが、フランツ・フェルディナント暗殺を利用した第1次世界大戦の真の理由である。

英仏両国は、本来はドイツと仲の良かったロシアのニコライ2世を籠絡し、陣営に引き込んだ。ドイツそしてオーストリアを両面で囲い込んだ英仏露3国は容易に勝利できるはずだった。

しかしドイツは強力だった。海では英海軍に圧倒されたものの、陸では互角に戦かった。その結果塹壕戦となり、戦いは膠着し長期戦となった。英仏露が独墺に勝利するには米国を味方にするしかなかった。

ロシア革命（Roger-Viollet via AFP）

先ほど説明したように、アメリカにはモンロー主義の伝統に立つべきだとする根強い勢力があり、国民に介入やむ無しを説得することができなかった。

外国の戦いに介入する、つまり軍隊を派遣することは、自国の若者に死を覚悟させることである。ウィルソン大統領は若者に死を覚悟させる「理屈」を国民に提示できなかった。

ところが1917年に入ると、ウィルソンにとって幸運な出来事が起きた。ロシア革命である。ロシアは、1914年以来、英国やフランスとともにドイツ・オーストリア・トルコなどの中央同盟国との戦いを続けていた。当時のロシアはニコライ2世を君主に戴く専制国家だった。そのロシアではユダヤ人を迫害するポグノムが頻発していた。

イギリス・フランスの側に立っての参戦なら、ウィルソンは何とか屁理屈を付けられたのかもしれない。しかし、この両国とともに戦うロシアがユダヤ人迫害を続けている専制国家では、アメリカ国民に参戦やむ無しを説得できるはずもなかった。

そんなときに、ロマノフ王朝を転覆させるロシア革命が起きた。

第2節 ネオコンとは何か　歴史的考察：その2

モンロー主義の伝統を叩き潰したウィルソン

ロシア革命は、ウィルソン大統領にとっては朗報だった。アメリカ国内の世論を、ヨーロッパ戦線参戦やむ無しにもっていく、うまい口実ができたからである。

イギリス・フランスは民主主義国家であったとしても、両国とともに戦うロシアが専制国家では、アメリカ国民に参戦を納得させるロジックを作れない。しかし、ロシア革命によってロシアが「民主主義国家」になった、と訴えることができる。

ウィルソン大統領は、ヨーロッパの戦いは民主主義国家陣営対専制主義国家との戦いであると主張し始めた。

この主張には、ヨーロッパ問題非介入の伝統、つまりモンロー主義の伝統を叩き潰すインパクトがあった。１９１７年４月２日、アメリカ・ワシントン議会は大統領の求める対独宣戦布告を承認した。

この日が、アメリカの建国の父たちの「ヨーロッパの問題には介入するな」という忠告を無視した日となった。

しかし、アメリカ国民は戦後に生まれたベルサイユ条約に基づくベルサイユ体制に幻滅した。若者をヨーロッパ戦線に遣って英仏露（協商国）の勝利に貢献したものの、ヨーロッパに平和は訪れなかった。その理由は、ベルサイユ条約による各国の国境線引きがいい加減だったからである。民族構成や歴史的経緯を踏まえない国境線引きだったため、ヨーロッパ各地で国境線引きの修正を求める小競り合いが続いた。

結局、それが原因で第2次世界大戦になる。1939年9月1日にドイツのポーランド侵攻からヨーロッパの戦いが始まった。これも、ドイツ・ポーランドの国境の線引きがいい加減だったために起きた。ポーランドにあまりに多くのドイツ人を閉じ込めてしまう国境線引きが、ベルサイユ条約でなされていた。

アメリカ国民の間には、ヨーロッパの戦いに参加するのは2度とご免だとする空気が満ちていた。だからこそフランスがナチスドイツに占領されても、英国がドイツ空軍の激しい空爆に晒されても、米国民はヨーロッパの戦いを傍観することに決めた。ヨーロッパのことはヨーロッパで解決せよという態度を取った。

米国民は、建国の父たちが残したヨーロッパ問題不干渉が正しかったと第１次世界大戦への介入で思い知っていた。アメリカ国内にはアメリカ第一主義委員会が結成され、ヨーロッパ問題非干渉を訴えていた。国民の80％以上が非介入の立場を取っていただけに、アメリカ第一主義委員会は国民の高い支持を得た。

中国問題を理由に日本に難癖を付ける

ヨーロッパの戦いに参戦したかったのは、大統領フランクリン・ルーズベルトである。また民主党の大統領だった。１９４０年11月の選挙では史上初の３選を果たした。しかし、国民の強固なヨーロッパ大陸介入拒否の空気の前に、ルーズベルトはヨーロッパ問題には関わらないと公約せざるを得なかった。アメリカ国民は、アメリカが直接の攻撃を受けた場合にのみ戦う。それが国民の思いだった。

そのことをよくわかっていたナチスドイツつまりヒトラーは、いかなる挑発行為をアメリカから受けてもその挑発に乗らなかった。たとえばルーズベルトは、海軍駆逐艦にドイツＵボートへの攻撃を密かに命じていた。ヒトラーは、ドイツ海軍に絶対に反撃するなと強く命じていた。

ルーズベルトは、挑発に乗らないドイツを刺激することを諦め、ドイツと同盟関係にある日本に目をつけた。徹底的に日本に中国問題（日本のアジア政策）を理由に難癖を付けた。１９４１年春から始まった日米交渉は、日本が絶対に呑めない条件を羅列したハル・ノートをアメリカが提示したことで破綻した。

ルーズベルト政権は、対日交渉の詳細を国民に知らせていない。もちろん、日本がとうてい容認できないハル・ノートを日本に手交したことも極秘にした。ワシントン議会の議員さえも知らされていない。

そんな中で日本の真珠湾攻撃が起きた。事情を全く知らされていないアメリカ国民は、後ろから頭を棍棒（こんぼう）で殴られる感覚だった。ヨーロッパ問題非干渉を訴えていたアメリカ第一主義委員会にとっても寝耳に水だった。アメリカ第一主義委員会の関心はずっとヨーロッパにあった。第一主義委員会の弱点は、アジア問題についての関心が薄かったことである。ルーズベルトはその弱点を衝いたのである。

いずれにせよ、国土が直接攻撃されたことにより、アメリカ世論は参戦やむ無しに急展開した。

真珠湾攻撃のあった日、英国首相チャーチルは、晩餐に招いていたアメリカ駐英大使ジョン・ウィナントと手を取り合って部屋中を踊るように飛び跳ねたと伝わっている。

日本の真珠湾攻撃はアメリカ国民の間で主流であったヨーロッパ問題非干渉の考え方、つまりモンロー主義を粉々にした。

第3節

ネオコンとは何か　歴史的考察：その3

北方領土問題はMADE IN USA

ルーズベルト大統領は真珠湾攻撃の翌日、議会演説をし、対日宣戦布告を決めた。これに続いてナチスドイツが対米宣戦布告したことで、ルーズベルト大統領は念願のヨーロッパ戦線への参入に成功した。

ここまで述べてきた歴史解釈に、高校の教科書や一般の歴史書で学んできた読者は驚くだろう。しかし、ここに示した私の解釈は、歴史修正主義では王道である。これについては、筆者が翻訳した『裏口

対日宣戦布告を議会に求めるルーズベルト（GRANGER／時事通信フォト）

『裏口からの参戦』（上・下）

からの参戦 ルーズベルト外交の正体1933－1941』（チャールズ・カラン・タンシル著、上・下、草思社）に詳しく書かれている。当時のルーズベルト政権の内幕とルーズベルト大統領の思惑が手に取るようにわかる。読者にはぜひ一度目を通していただきたい。

ルーズベルト大統領とチャーチル首相の困難は、ソビエトがドイツに続いてポーランドに侵攻していたことだった。多くの読者が忘れているかも知れないが、先の大戦の当初はドイツとソビエトは同じ陣営に属していたのである。

ソビエトがドイツ陣営にいる以上、英米両国が苦戦を強いられるのは当然だった。しかし両国にとっては幸いなことに、ヒトラーが対ソ戦争を開始した。1941年6月のことである。

英米両国は、敵の敵は味方という単純なロジックでソビエトを陣営に引き入れた。ヤルタ会談では、多くの軍事専門家が不要だと考えたソビエトの対日戦争介入をルーズベルトが求めた（正確にはソビエトスパイだったアルジャー・ヒスがそのヤルタ会談を仕切った）。その結果日本は、ロシアとの条約によって領有していた千島列島を失った。これが現在も続く北方領土問題の原因である。要するに、北方領土問題はＭＡＤＥ ＩＮ ＵＳＡなのである。

平和では困る勢力

さて、ソビエトは英米の陣営に属したことで戦勝国となったが、戦後すぐにソビエト共産圏ブロックを構築し、アメリカと対峙することになる。冷戦の始まりである。

先の大戦で、ソビエト共産主義の拡大の防波堤となっていたドイツと日本は亡国の危機に陥るほどに弱体化した。イギリスもその国力を落とし、過去の大英帝国の面影はなかった。その結果、拡大するソビエトと共産主義思想に立ち向かえる国は、アメリカ一国となった。

こうしてアメリカとソビエトが角突き合わせる冷戦が始まるのである。こうなると、世界の紛争にアメリカは積極的に関与せざるを得なくなる。世界各地で共産化工作を進めるソビエト

ソビエト連邦崩壊

に対抗できるのはアメリカ一国だけなのである。こうしてアメリカは世界の警察官にならざるを得なくなった。

アメリカ国内の介入主義者たちの視点からはようやく念願がかなったとも言える。アメリカ建国の父たちの「外国の争いごとには関わるな」というモンロー主義は、第２次世界大戦を経て完全に消えた。

アメリカは世界の紛争に積極的に介入する国に変貌した。その典型的事件となったのがベトナム戦争だった。しかし20世紀も最後の10年を迎えるころに、ソビエトは破綻した。ソビエト型経済が破綻だった。

ソビエト連邦は１９９１年に崩壊した。

ソビエト連邦の崩壊で、冷戦は終わった。世

ポール・ウォルフォウィッツ

ルイス・リビー

界の多くの人々がこれからは平和な時代がくると喜んだ。しかし、平和では困る勢力がいた。それが軍産複合体と呼ばれる軍需産業の人々だった。紛争が続かなければ会社経営は成り立たない。

ソビエトの崩壊で、二極化していた世界の構造が崩れた。アメリカの軍産複合体は今度は世界をアメリカ一国によって支配すべきだと主張した。それがアメリカ一極主義と呼ばれる考え方であった。

この考え方は、早くもソビエトが崩壊した翌年の１９９２年２月に「防衛計画指針（Defense Planning Guidance）」として発表された。防衛計画指針はポール・ウォルフォウィッツとルイス・リビーが書き上げたものである。

ウォルフォウィッツは、子ブッシュ政権で国防副長官になった人物である。ルイス・リビーはディック・

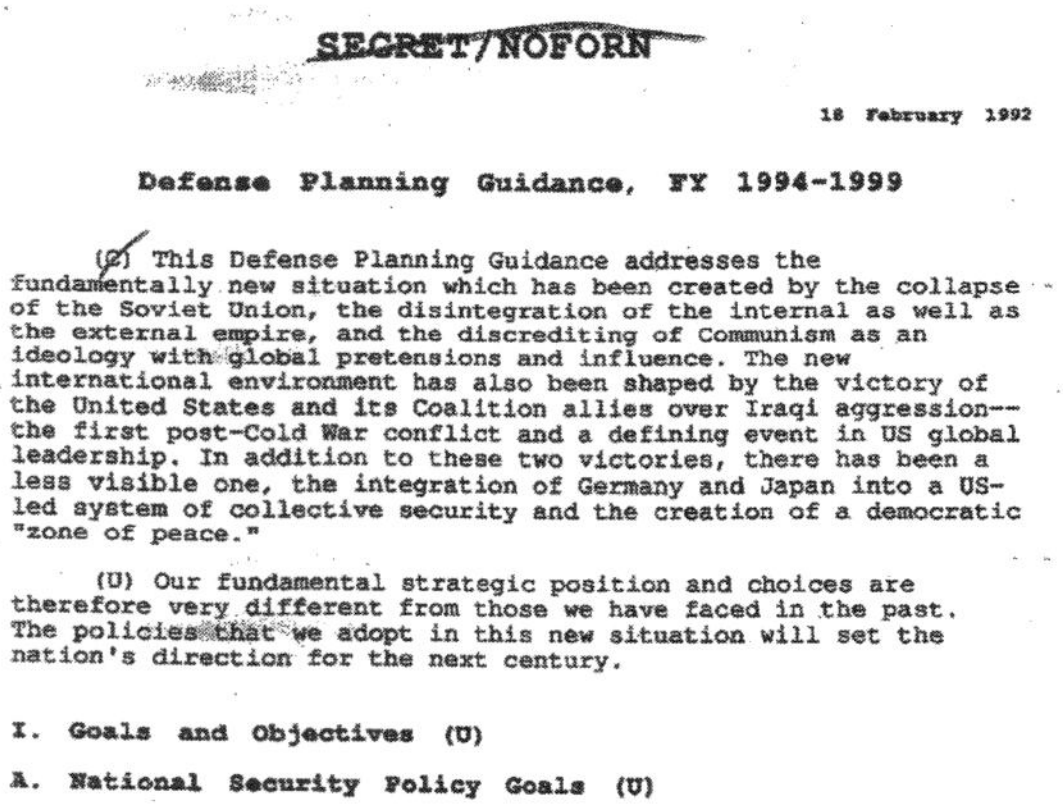
SECRET/NOFORN

18 February 1992

Defense Planning Guidance, FY 1994-1999

(S) This Defense Planning Guidance addresses the fundamentally new situation which has been created by the collapse of the Soviet Union, the disintegration of the internal as well as the external empire, and the discrediting of Communism as an ideology with global pretensions and influence. The new international environment has also been shaped by the victory of the United States and its Coalition allies over Iraqi aggression-- the first post-Cold War conflict and a defining event in US global leadership. In addition to these two victories, there has been a less visible one, the integration of Germany and Japan into a US-led system of collective security and the creation of a democratic "zone of peace."

(U) Our fundamental strategic position and choices are therefore very different from those we have faced in the past. The policies that we adopt in this new situation will set the nation's direction for the next century.

I. Goals and Objectives (U)

A. National Security Policy Goals (U)

「防衛計画指針」1992年2月18日

チェイニー副大統領補佐官となった。

この2人が書き上げた「防衛計画指針」が、ソビエト崩壊後の「ポスト冷戦干渉主義外交」のテキストブックになった。

ネオコンは「新共産主義者」である

「防衛計画指針」のポイントは3つある。

第1に、2度とアメリカの覇権に挑戦する国を生まない。地域覇権であっても許さないというものだ。第2に、アメリカ的価値観つまりアメリカ型民主主義を強制する。第3に、必要であればアメリカ一国の判断でもレジームチェンジを図るというものであった。

この新しい干渉主義はウォルフォウィッツ・ドクトリンとも呼ばれる。

この考えに支配されたアメリカは、冷戦が終わっても各地の紛争に介入した。新しい紛争も惹起させた。この考え方に頭の侵された一群の政治家、高位の実務官僚たちを新保守主義者別名ネオコンと呼ぶ。

「新保守主義」と命名されてはいるが、彼らは国柄、伝統、文化の多様性などには興味がない。本来であれば「新共産主義者」と呼ぶべき連中である。ネオコンはけっして保守主義者ではない。

ウクライナ戦争は、アメリカネオコンの動きを理解しなければ読み解くことはできない。

第4節 ネオコンとは何か　歴史的考察：その4

アメリカ一極主義とは何か

前節でポール・ウォルフォウィッツとルイス・リビーが作成した「防衛計画指針」が、ソビエト崩壊後の「ポスト冷戦干渉主義外交」のテキストブックになったことを書いた。これがアメリカ一極主義と言われるアメリカ外交であり、現在のアメリカ外交は、トランプ大統領時代の4年間を除いては、この方針に沿って動いてきた。

おさらいの意味で、アメリカ一極主義をもう一度具体的に示す。

第1に、2度とアメリカの覇権に挑戦する国を生まない。地域覇権であっても許さない。

第2に、アメリカ的価値観つまりアメリカ型民主主義を強制する。

第3に、必要であればアメリカ一国の判断ででもレジームチェンジを図る。

ネオコン思想は、介入主義の伝統を持つ民主党から浸透していったが、次第に共和党にも強い影響力を持つようになった。したがって、政権が民主党であっても共和党であってもアメリカ一極主義の外交が進められてきた。米国外交は政権が民主党であっても共和党でも変わらない。そんな状況を米国一党体制（UniParty システム）と揶揄する言葉も生まれた。

この介入主義の一党体制に抵抗して、Make America Great Again を掲げて大統領になったのがドナルド・トランプだったのである。

ソビエト崩壊に伴ってアメリカが介入した戦争は、主なものだけでも以下のようなものがある。

湾岸戦争　1990〜1991年
第1次ソマリア内戦　1992〜1995年
ボスニア戦争　1992〜1995年
ハイチ侵攻　1994〜1995年
コソボ紛争　1998〜1999年
アフガン戦争　2001〜2022年
イラク戦争　2003〜2011年

第２次ソマリア内戦　２００７年～継続中
リビア内戦介入　２０１１年
イラク内戦介入　２０１４年～継続中
シリア内戦介入　２０１４年～継続中
リビア内戦介入　２０１５年～継続中

そして、いうまでもなく２０２２年2月24日から始まったウクライナ戦争に実質介入している。

２０１７年から始まったトランプ政権は一度も新しい戦争を起こさなかった。始まっていた戦いから、米軍を撤退させる機会を探り、実際多くの米軍を撤退させていたし、駐屯規模を削減した。そんな中で、２０２０年の選挙では不可解な敗退となった。

２０２１年から始まったバイデン政権では、

ビクトリア・ヌーランド

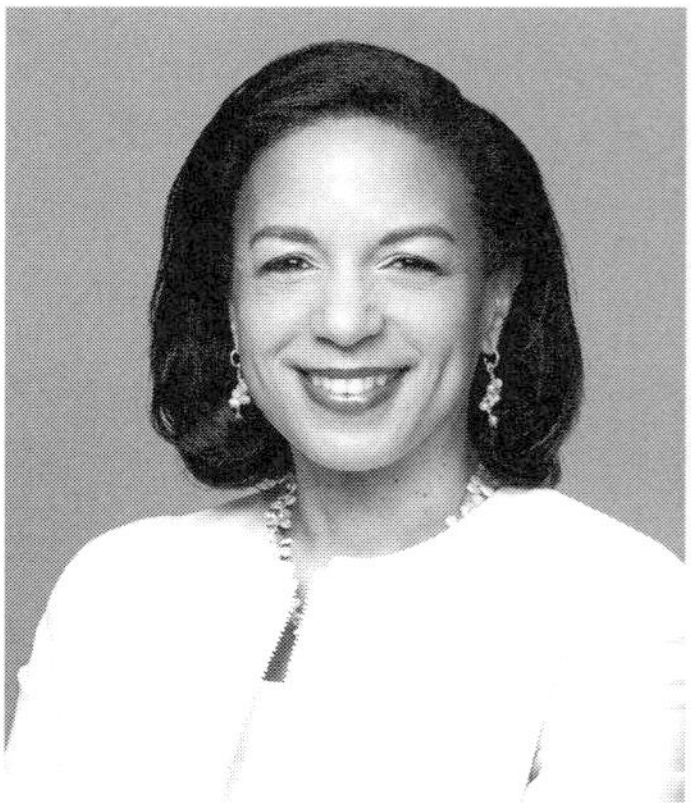
スーザン・ライス

サマンサ・パワー

ネオコン官僚たちが大挙して政権中枢に再雇用された。

ウクライナでマイダン革命を仕掛け、徹底的に反ロシア政策を取ってきたビクトリア・ヌーランドは国務次官に登用された。

ウクライナ戦争はバイデン大統領が彼女を再登用した時点から決まっていたと、多くの評論家が語っている。

他にもオバマ政権で活躍した女性ネオコンであるスーザン・ライス元大統領補佐官、あるいはサマンサ・パワー元国連大使も要職に就いた。ちなみに、パワーの夫がキャス・サンスティーンである。

アンソニー・ブリンケン国務長官、ジェイク・サリバン大統領補佐官あるいはアブリル・ヘインズ国家情報長官などもネオコンだった。

　ウクライナ戦争は、トランプ政権で排除されたネオコン実務官僚が大量に再雇用されたことで起きたと言い切ってよいのである。２０２４年の大統領選挙でトランプ大統領が再選され、こうしたネオコン官僚はみな解任されることになる。彼ら彼女らは何としてもトランプの再登場を阻みたかった。

第5節

バイデンの暴挙：米国製長距離ミサイル対露攻撃許可

戦争屋を震撼させたトランプ当選

トランプ大統領は、選挙戦を通じて「大統領になればすぐにでもウクライナ戦争をやめさせる」と公約していた。

ゼレンスキー大統領は2019年の当選である。任期は5年であるから、2024年5月20日に任期満了であった。しかし戦時非常時を理由に大統領選挙を実施しなかった。任期満了後のゼレンスキーは大統領であるのか？　その立場はあいまいである。この会談に先立つ2週間ほど前の9月11日、トランプとカマラ・ハリスの直接討論があった。そのときのトランプの発言は次のようなものだった。[*1]

「この戦争はすぐにでも終わらせる必要がある。私が当選すれば、すぐにでも和解させる。大統領就任前にでもできる。直ちにそれぞれの首脳と交渉したうえで、両者を交渉の場に就かせる」

「私はゼレンスキーもプーチンもどちらもよく知っている。２人との関係は良好で、彼らも私をリスペクトしている」

ゼレンスキーがニューヨークでトランプと会ったのは、選挙戦の最中の２０２４年９月27日のことである。トランプが、戦いをやめるよう強く迫ったことは間違いなかった。ゼレンスキーは、ラジオインタビューに、「トランプがホワイトハウスに戻れば、戦争はより早く終わる」[*2]と答えたことからそれが知れる。

どのように露ウ両国に妥協させるのかについて、トランプは具体的には語っていない。それを語ったのはむしろ副大統領候補のＪ・Ｄ・バンスだった。９月のインタビューで、バンスは、「ウクライナは、ロシア占領地域を諦めること、そしてウクライナがＮＡＴＯメンバー国にならないことを約束することであろう」[*3]と語っていた。トランプも同様に考えているだろうが、落としどころは露ウ両国の直接交渉に任せるはずである。米国の意向をわかっているゼレンスキーが、現実の戦況に沿って相当に妥協せざるを得ないのは間違いないことである。

トランプ当選は、米国のネオコン、そしてＮＡＴＯに蔓延（はびこ）るネオコンに協力したいヨーロッパの戦争屋を震撼させた。彼らは何としても戦争を続けさせたいようである。なかでも最も好戦的な国が英国である。英国では、2024年7月総選挙があった。労働党の圧勝を受けて新首相に選出されたのが労働党党首キア・スターマーである。

英国は、ウクライナに多くの軍事関係者を派遣し、最新兵器の取り扱いを指導している。スターマーは野に下った保守党以上にウクライナに肩入れしてきた。最新鋭の兵器も惜しみなくウクライナに与えた。

そうした最新兵器の中に、ストームシャドー長距離ミサイルがある。英国は、その使用を国内のロシア占領地域に制限していた。しかし、大統領選挙戦が終わり、トランプが露ウ戦争終結に向けての外交に切り替えることを明言しているなかの2024年11月20日、ウクライナはロシア国内のターゲットにストームシャドーミサイルを発射した。[*4] ウクライナ軍が発射したと報道されてはいるが、このミサイルは複雑系であり、ウクライナ軍にはできない。英軍のアドバイザーあるいは英軍兵士自身が直接関与したのである。実質、英国の参戦である。

英国の対ロシア領内使用許可は、バイデン政権の米国供与の陸軍戦術ミサイルシステム(ATACMS)のロシア領土内攻撃許可に続くものだった。英国は米国の決定に追随したのである。

プーチン大統領は、繰り返し米英供与の長距離ミサイルのロシア領土内使用はNATOの露ウ戦争への直接的参戦と見なすと警告していた。それでも米英両国は、ウクライナにゴーサインを出した。幸いプーチン大統領は、強く警告していたものの過剰な反応をしなかった。米英の愚かな行動を強く批難するに留めた。

「ロシア政府は、任期満了を目前にしたバイデン政権が『火に油』を注ごうとしており、この紛争のエスカレーションを挑発しようとしているのは『明らかだ』とも批難した」（ＢＢＣ日本版２０２４年11月18日付）[*5]

ストームシャドーをロシア領土内に発射された前日の11月19日、つまりバイデンが使用許可を出した２日後に、ウクライナは６発のＡＴＡＣＭＳをロシア領土内に向けて発射した。露ウ戦争勃発からちょうど１０００日の「記念日」だった。幸いロシアのミサイル防衛網が機能して５発を破壊、１発を部分破壊できたことにより、大きな被害もなく死者も出なかった。結果的にロシアの軍事的即時報復を招かなかった。

講和交渉開始まで自制するプーチン大統領

第２次トランプ政権での戦争終結を嫌うネオコン政治家、官僚らが、ロシアの冷静な反応を悔しがったのは間違いない。ウクライナ戦争を影で工作してきたジョージ・ソロスもそんな一人だった。ソロス財団の後継となった息子のアレキサンダーは、11月17日、ATACMS使用許可報道を見て、「最高のニュースだ！」と喜びの声を挙げていた。

世界を戦争に導きたいグローバリストの権化ソロスが、戦いの激化を期待する一方で、バイデン政権のATACMS使用許可に憤ったのは、トランプの長男ドナルド・トランプ・Jr.だった。彼もソロスと同じ日にXに「父が、講和を実現し多くの人命を救おうとしている。使用許可の決定は、軍産複合体が、父の就任前に戦争をエスカレートさせ、第3次世界大戦を起こしてやろうとする魂胆を示すものだ」と投稿した[*6]。

アレキサンダー・ソロスのXより

プーチン大統領の周囲には、強硬派も多い。そうした中で、第2次トランプ政権との講和交渉開始まで自制し続けているプーチンの忍耐力・指導力については、反プーチン派であっても感謝しなくてはならない。

ネオコンという勢力は、私たちの想像を超えて戦争がしたいのである。彼らの思考を理解できる日本人はほとんどいない。彼らのしぶとさを示す報道がもう一つある。去る9月13日、ウクライナ戦争の根本原因を作ったビクトリア・ヌーランドが、全米民主主義基金（ＮＥＤ）の役員に返り咲いたのである。[*7]

ＮＥＤは民主主義基金と名付けられてはいるが、民主主義とは無縁の組織である。１９８３年に設立された組織で、ＣＩＡが直接関与できない作戦を実行するダミー組織である。創立者の一人カール・ガーシュマン（ユダヤ系）は、大のプーチン嫌いである。２０１４年のマイダン革命の際にも、ＮＥＤは反政府グループに資金提供していた。[*8]

ＮＥＤの資金は豊富であり年間１００億ドル以上もあるが、米政府からのものである。彼らの提供する資金がロシア国内の反政府組織にも流れていることはほぼ確かである。プーチンはＮＥＤを外国エージェント組織であると認定している。

そんな組織に、ネオコンの女王ビクトリア・ヌーランドが舞い戻った。ネオコンの退治は簡単ではない。ウクライナ戦争は、実現を期待して間違いないトランプ・プーチン会談で講和となるであろうが、ＮＥＤのような組織、ヌーランドのようなネオコンがしぶとく活動を続けることは確実である。これからもトランプ外交に反対し、ロシア敵視政策を継続する。彼らの動きには警戒し続ける必要がある。

ただ、唯一希望が持てるのがイーロン・マスクとヴィヴェク・ラワスワミが主導する新設の政府効率化省の活動である。政府効率化の作業には、NEDに代表される政府のダミー作業を任されたNGO団体向け予算も俎上に上がる。CIAの汚い作業を任されたNED予算が削減されれば、ネオコン外交にも相当のブレーキがかかるはずである。

＊1 https://www.pbs.org/newshour/politics/watch-trump-promises-to-settle-war-in-ukraine-if-elected

＊2 https://www.msn.com/en-us/news/politics/zelensky-says-ukraine-war-will-end-faster-with-trump-in-the-white-house/ar-AA1uax2Q

＊3 https://www.channelnewsasia.com/world/donald-trump-us-election-win-ukraine-russia-war-4733536

＊4、5 https://www.bbc.com/news/articles/c4g704g051go

＊6 https://www.the-express.com/news/us-news/155676/joe-biden-trying-start-world-war-3-donald-trump-office

＊7 https://www.ned.org/ned-welcomes-victoria-nuland-to-the-board-of-directors/

＊8 https://consortiumnews.com/ja/2015/07/30/why-russia-shut-down-ned-fronts/

第6章

米露頂上会談への期待

「もはや地滑り的勝利というのは考えにくい」

2024年11月5日のトランプ再選は、主要メディアの恥さらしの日であった。第1章「共和党の変貌：RINO党からトランプ党へ」第3節で次のように書いた。

「(米国世論）調査は常に民主党有利にバイアスがかかっていることが経験上わかっている。そのバイアスは4%から5%もあると推定されている。こうしたバイアスは、この会社の過去の予測と、実際の投票結果との差でわかる」

この観察が正しかったことは、激戦だと言われていた7州の選挙結果が示している。

	〈トランプ〉	〈ハリス〉	差
ジョージア州	50・7%	48・5%	2・2%
ノースカロライナ州	50・9%	47・6%	3・3%
ペンシルバニア州	50・4%	48・7%	1・7%
ミシガン州	49・7%	48・2%	1・5%

ウィスコンシン州	49・7%	48・9%	0・8%
アリゾナ州	52・2%	46・7%	5・5%
ネバダ州	50・6%	47・5%	3・1%
差の平均			2・6%

従来の誤差よりは小さかったように思えるが、選挙結果を予想するには経験的な誤差を使って補正すれば、相当に現実に近い数字になることがわかる。

メディアには米国事情通と呼ばれる評論家や大学教授が登場する。しかし、彼らがこの補正をしていたとは思えない。たとえばトランプ嫌いのコメントが目立つ『ダイヤモンド・オンライン』は「米大統領選〝常識の力〟で『ハリス氏勝利』を予想、問題はその後」という記事を配信した（2024年8月21日付）。執筆者は元外務審議官の田中均氏である。[*1]

『日本経済新聞』もベルリン特派員電として「ドイツのショルツ首相は（7月）24日、米大統領選で民主党のハリス副大統領が『勝利する可能性は非常に高いと思う』との認識を示した」と報じた（2024年7月25日）[*2]。

ＮＨＫも選挙日直近の10月28日、「民主党と共和党、それぞれの支持基盤のきっ抗が極まった選挙」「両党はともに自動的に45％前後の票は取れるので、残る10％程度の票をめぐる争いになる。今の時代、もはや地滑り的勝利というのは考えにくい」[*3]と予想する渡辺靖・慶應義塾大学教授の予想を報じた。

日本のメディアは米国メディアのコピーなので、米国主要メディアの論調も同様であった。しかし結局は渡辺靖教授がきっぱりと否定したトランプが激戦州７州すべてに勝利する地滑り的勝利となった。

日本の主要メディアに登場する「知識人」のほとんどがこうして恥を晒した。

＊１　https://diamond.jp/articles/-/349039
＊２　https://www.nikkei.com/article/DGXZQOGR24DGC0U4A720C2000000/
＊３　https://www3.nhk.or.jp/news/html/20241028/k10014621781000.html

第1節　メディアを支配するブラックロック

いかに資産運用会社が軍需産業に投資しているか

第２章「トランプ暗殺未遂とＦＢＩ」第４節で、「オースチン・プライベイト・ウェルスの主要株主はジョージ・ソロス系のバンガード、そしてグローバリストの巨魁ラリー・フィンクの運営するブラックロックという２つの巨大資産運用会社である。とりわけ、ブラックロックは、レイセオン、ロッキード・マーチン、ボーイング、ノースロップ・グラマンといった軍産複合体企業株を大量に所有している」と書いた。

ここに書いたブラックロックとバンガードに、もう一つの資産運用会社であるステイトストリート３社がビッグスリーである。彼らは運用資金を所有しているわけではない。年金基金などに代表される資産運用を求める組織の資金を預かって運用するのである。

かつては基金それぞれが資金を運用していた。しかし、２００８年頃から急激に資金運用を

Company	#1 Stockholder	#2 Stockholder	#3 Stockholder
Lockheed Martin	State Street Corp.	BlackRock, Inc.	Vanguard Group
Raytheon	Vanguard Group	Capital Group	Wellington Management
Northrop Grumman	State Street Corp.	Capital Group	Vanguard Group
Boeing	Vanguard Group	BlackRock, Inc.	State Street Corp.
General Dynamics	Longview Asset	Vanguard Group	Newport Trust Co.
L3Harris Technologies	BlackRock, Inc.	Vanguard Group	Capital Group
GE	Vanguard Group	Capital Group	Fidelity Management
BAE Systems	Capital Group	BlackRock, Inc.	Invesco

The Schiller Instituteホームページより

資産運用会社に任せるようになった。[*1] 2020年には上記3社で15兆ドルの資金を運用するまでになった。[*2] これだけ巨額の資金を運用し利益を出すのはそう簡単なことではない。彼らが狙うのは国家規模あるいは地球規模で事件を起こし、それによって大きな利益を、株を所有する企業に生ませようとする。そんな「国家規模あるいは地球規模」での事件が戦争である。

ウクライナ戦争を起こしたのはネオコンである、と書いた。同じように資産運用会社もウクライナ戦争を起こした犯人であったと言える。2014年のマイダン革命を金銭的に支援したのはジョージ・ソロスだったことは書いた。資産運用会社ビッグスリーの1つバンガードはソロス系である。

ここにシラー・インスティテュートがまとめた表がある。主要軍需企業の第1位から第3位までの主要株主を示している。[*3] いかに巨大資産運用会社が軍需産業に投資しているかよくわかる。彼らが、軍需産業を儲けさせるには戦争を起こせばよい、と考えるのも頷けよう。

ちなみに、レイムダック化したバイデン政権がウクライナにロシア領土攻撃を許可した陸軍戦術ミサイルシステム（ＡＴＡＣＭＳ）はロッキード・マーチンが製造する。英国が発射を許可したストームシャドーはＢＡｅシステムの生産である。

巨大資産運用会社は、軍産複合体の株を所有するだけでなく、大手メディアも所有する。彼らのメディアへの支配力は凄まじい。２０２１年時点でのメディアの株の保有率でそれがわかる。バンガードとブラックロックの２社によるメディア支配は以下の通りである。[*4]

〈２０２１年メディア株保有状況〉（バンガード、ブラックロック計）

ＦＯＸ　18％
ＣＢＳ　16％
Comcast　13％（ＮＢＣ、ＭＳＮＢＣ、ＣＮＢＣなど）
ＣＮＮ　12％
Disney　12％（ＡＢＣなど）

彼らがメディア支配を重視するのには理由がある。「民主主義国家」が国民に戦争やむ無し、若者の死も仕方なし、と覚悟させるには工夫がいる。敵国を徹底的に悪魔化し、外交交渉ではなく戦争による敵国の破壊しかない、と思わせないといけない。つまりネオコン的外交を是とするよう国民世論を導かなくてはならない。

＊1、4　https://commonreader.wustl.edu/how-a-company-called-blackrock-shapes-your-news-your-life-our-future/

＊2　https://www.institutionalinvestor.com/article/2bsx62pj43ssiqoesu39c/corner-office/theres-an-oligopoly-in-asset-management-this-researcher-says-it-should-be-broken-up

＊3　The Military-Financial Complex is bloated on Blood Money from Wars,Schiller Institute Report, December 23, 2023

第2節　メディアによるプーチンの悪魔化

「ウクライナの次はヨーロッパ」という主張

ウクライナ戦争は、軍需産業にとって「ボナンザ（掘り当てた金脈）」であった。この機会に可能な限りの古い兵器を費消させ、新兵器も使ってもらいたいと思うのは自然である。ブラックロックなどの巨大資産運用会社にとって保有する軍需産業株の価値を大きく高めるチャンスである。

彼らは、支配する大手メディアを使い、プーチンを徹底的に悪魔化し、対ウクライナ支援を正当化した。国民の洗脳を通じて戦争やむ無しを納得させた。

その典型的なロジックが、ロシアのウクライナ攻撃は領土欲によるものである、もしロシアの暴挙を放置すれば次はバルト諸国、スカンジナビア諸国そしてポーランド、さらには西ヨーロッパまで危険に晒される、というものだった。

日本のメディアは米国主要メディアのコピーであるだけに、同じような荒唐無稽話を恥ずかしげもなく語る大学教授を頻繁に登場させた。ここに、ウクライナ戦争が始まって1年経った時期の東野篤子筑波大学教授の発言を示した。月刊『正論』2023年3月号に掲載されたウクライナ人グレンコ・アンドリー氏との対談での発言である。

「一年近くが過ぎて、これがロシアによる侵略戦争だということが、日本でも多くの人に伝わったと思います。二〇一四年春のロシアのクリミア占領や、同年夏からのドンバス地域での戦いが開始されたときと比べて、ロシアの行為は全く正当化できないという認識は比べものにならないほどしっかりと共有されています。それでもなおウクライナ東部・南部四州をロシアに渡せば核の危険性は排除できるのだからそうすべきだとか、ウクライナが抵抗を諦めたらこの戦争は終わるのだから諦めさせるべきだといった議論の多いところを見ると、日本は何も進歩していないとも思います。日本は侵略戦争を擁護する立場であってはなりません。侵略をした側が得をして戦争が終われば、安定的な国際秩序は根付きません。日本として他人事ではないということを、まだまだ繰り返し言わなければならないのは情けない状況です[*1]」（傍線筆者）

東野教授の対談相手であるグレンコ・アンドリー氏の経歴を、月刊『正論』は次のように書いている。

「一九八七年、ウクライナの首都キーウ生まれ。早稲田大学への語学留学を経て、キーウ国立大学日本語専攻卒業。京都大学大学院人間・環境学研究科博士課程修了」[*2]

アンドリー氏は、上記の対談からおよそ1年が経った京都での講演会で次のように語り、ロシアの領土拡張の危険性を煽っている。少し長くなるが、彼の言葉を紹介しておく。

「ロシアは自分の判断でいつでも戦争を終わらせられるが、その兆しは全くなく、この戦いに損得勘定はないだろう。戦争の原因を理解するにはまずロシア人の世界観を理解する必要がある。

ロシアは歴史的に領土を拡大してきた国であり、その伝統がある。またロシア人は、旧ソ連圏の全てがロシアの領土だという認識で、自分たちは（現状を）非常に窮屈に感じている。ロシア人から見れば、ウクライナは不当に奪われた領土であり、必ず取り戻さなくてはならないという意識だ。

そのため、悪いことをしている自覚はなく、むしろ素晴らしいことをしていると認識している。世界観に基づく戦いであるため、利益は求めておらず、ある程度の経済的打撃では諦めることはない。和平交渉も、尊い理念を失って先祖の名誉を汚すことになるため不可能で、あり得ない。

ロシアが止まるとすれば物理的に戦争を続ける術がなくなった場合だ。しかし、ロシアはウクライナより人口が多いため、削り合いを続ければいずれはウクライナは人がいなくなる。ロシアを止めるには、軍と国内の軍事産業を破壊する必要がある。そのためにウクライナに必要なのは武器であり、各国からの武器提供が戦争を終わらせるための唯一の手段である」[*3]（傍線筆者）

ウクライナ戦争でウクライナが敗北すれば、ロシアはさらに西に向かって侵略戦争を続けるという物言いは、ネオコン民主党の主張と同じである。東野教授もアンドリー氏もネオコンの主張をそのまま日本国民に伝えているだけなのである。

それがはっきりわかるのは、２０２４年9月11日のトランプ・ハリスの直接討論でのハリスの発言である。

「（ウクライナが敗北すれば）プーチンはキーフに陣取り、残りのヨーロッパを狙いに来る。まず彼はポーランドを狙う」[*4]

米国にはPBSという疑似公共放送がある。一般からの寄付金などで運営されているが、7%程が政府からの補助金である。したがって純粋な公共放送とは言い難い。同社の運営するオンラインニュース（2024年9月11日付）がある。上記のハリス発言を擁護・支持している。[*5]

「ウクライナが敗北したらプーチンの次の狙いは中部ヨーロッパではないか。そこには3つのバルト諸国（リトアニア、ラトビア、エストニア）が含まれる」

この記事は、ワルシャワに住むポーランド人男性（67歳）の言葉で結ばれている。

「ポーランドはウクライナに勝利してもらわないと困る。あの気の触れた男（注：プーチンのこと）が次に何をやらかすかわかったものではない」（傍線筆者）

米国の主要メディアが、民主党そしてネオコンの拡声器と化していることはここでも明白である。日本の主要メディアに登場する「知識人」の主張が、米国主要メディアすなわち民主党のそれと完全に一致していることがわかる。

*1　https://www.sankei.com/article/20230417-ULJWDBMTINGDRJPWMGBOU3YSKA/?outputType

=theme_monthly-seiron

*2 https://www.sankei.com/article/20240531-BOGRT6QW2FIMLF7FNVYOAZMEKM/

*3 https://www.sankei.com/article/20240531-BOGRT6QW2FIMLF7FNVYOAZMEKM/

*4、5 https://www.pbs.org/newshour/world/harris-suggested-that-russia-could-target-poland-if-ukraine-loses-the-war-that-resonates-with-poles

第3節　ウクライナ戦争勃発の経緯
その1：ミンスク合意（議定書）

先に手を出したほうが悪いというプロパガンダ

主要メディアはプーチンをロシアの領土拡大を狙う悪魔・狂人として描くのに忙しい。敵を狂人として描き、国民の憎しみを煽るのは昔から行われてきた古典的手法である。

もう一つ頻繁に使われる物言いが、先に手を出したほうが悪い、というものである。そこに至る経緯を一般国民は知らない。戦いを始めたほうがとにかく悪いという主張に騙されたのが日米戦争における真珠湾攻撃であった。

米国民は、それまでに行われていた日米交渉のことなど知りはしなかった。ルーズベルト政権のとんでもなく高圧的な対日外交を知りはしなかった。ルーズベルト政権の情報操作は徹底していた。

『ルーズベルトの開戦責任』

日本が絶対に呑めない条件（ハルノート）を突きつけていたことは、ワシントンの議員さえも知らなかった。何も知らなかった一人が、共和党の重鎮下院議員ハミルトン・フィッシュである。彼は自著のなかで悔しそうに告白している。[*1] そのことを知らなかったために、議会を代表してルーズベルトの対日宣戦布告を支持するスピーチをしてしまったのである。そのことをフィッシュは終生後悔していた。

こうしたプロパガンダに騙されないためには、開戦前のウクライナとロシアの外交交渉がいかなるものであったかを知っておく必要がある。

自国民の住む都市を空爆

２０１４年2月20日、米国ネオコンの女王ビクトリア・ヌーランドの仕掛けたマイダン革命が始まった。７日間の騒乱を経て、民主的手続き（選挙）を経て成立していたヤヌコビッチ政権が倒れた。

ヤヌコビッチ大統領は親ロシアだったが、ウクライナの地政学的位地を考慮しながらのバランス外交に腐心していた。

そんなヤヌコビッチ政権を、実質ＣＩＡ主導のクーデターであるマイダン革命を惹起させて崩壊させたのがアメリカ・オバマ政権だったのである。現場の指揮を取ったのは言うまでもなくビクトリア・ヌーランドだった。

マイダン革命成功後に登場した新政権は、3月5日、３人の防衛副大臣をすべて反ロシアのネオナチに入れ替えた。新防衛大臣ミハイル・コヴァルは、住民の75％がヤヌコビッチに投票した東部ドンバスおよびクリミアのロシア系住民を排除すると語った。排除するとはどういう意味なのか。それはウクライナ東部・東南部のロシア系住民を他所に強制移住させるということだった。

この事実を主要メディアは報じない。ＳＮＳ上に流れていたこの計画に関わる情報は、今では消

ミハイル・コヴァル

KYIV POST
UKRAINE'S GLOBAL VOICE
EN

Ukraine's Land Agency give land to soldiers in the east for free

Land parcels will be given out for free to the servicemen of the Ukrainian Armed Forces and other military formations, as well as to the employees of Interior Ministry and the Security Service of Ukra

by Interfax-Ukraine | June 16, 2014, 3:44 pm

『キーフ・ポスト』2014年６月16日付

えている。それでも、そうした情報をすべて消せるわけではない。

ここにマイダン革命後しばらく経った２０１４年６月16日付の『キーフ・ポスト』紙の記事が残っている。[*2]

この記事に誇らしげに映っているのは「反テロリスト」部隊だとウクライナ政府が説明しているテロ対策専門チーム、通称ＡＴＯである。

記事には「東部、東南部の領土主権を防衛するウクライナ陸軍などの兵士、内務省職員、公安関係者には無料で東部・東南部の土地が与えられる」と書かれている。

要するに『キーフ・ポスト』は、ウクライナの東部そして東南部のロシア系住民はロシアと共謀するテロリスト集団であるから物理的に排除する、と報じたのである。親ロシアのロシア系住民の民族浄化である。ロシア系住民の排除は、マイダン革命後直ちに始まった。

この記事が掲載された6月には、ウクライナ空軍がルガンスク、ドンバスの諸都市の空爆を始めていた。自国民の住む都市を空爆する。日本人にはとても想像できないことが起きてい

空爆された町スタニッツィア・ルハンスカ

た。

２０１４年７月２日、ルガンスク州スタニッツィア・ルハンスカが空爆された。ロシア国境に近い町である。その空爆がいかに悲惨であったかを主要メディアは報じない。上に空爆された町の模様を収めたＳＮＳ上の写真を載せておく[*3]。

これが、マイダン革命が生んだいわゆる西側的民主主義国家となったウクライナの実態である。

ウクライナ東部のロシア系住民は、ウクライナ軍の攻撃を避けて土地を棄てざるを得ない。そこに、『キエフ・ポスト』紙が報道しているように反ロシアの軍人やその関係者が「入植」するのである。土地を無償でもらえる彼らの士気は高かったに違いない。

守られなかったミンスク合意による自治

こうしたウクライナ革命政府が始めたロシア系民族浄化行為に、ロシアが抗議するのは当然だった。ロシアは、ウクライナ東部諸州とウクライナ革命政府の妥協を実現させた。それがミンスク合意であった。合意が成ったのは2014年9月19日のことである。

署名したのはウクライナ政府、ウクライナからの分離を求める東部州（ドネツク、ルガンスク）、ロシア、OSCE（欧州安全保障協力機構）である。

OSCEがいかなる組織であるかは、外務省のホームページでわかる。そこには次のように書かれている。

「欧州安全保障協力機構（OSCE：Organization for Security and Co-operation in Europe）は、欧州、中央アジア、北米の57か国から成る世界最大の地域安全保障機構。OSCEは、幅広い安保問題の政治的対話を行う場の提供と、個人・社会の生活改善のための共同の行動により、紛争予防、危機管理、紛争後の再建を通じて、加盟国間の相違を橋渡しし、信頼醸成を行う機関。事務局をウィーンに置き、毎週、常設理事会（大使級）を開催している」[*4]

この組織は、１９５４年にＣＳＣＥ（欧州安全保障協力会議）として発足したものが、１９９５年にＯＳＣＥ（欧州安全保障協力機構）に改組されたものである。ミンスク合意にＯＳＣＥが署名していることは重要である。

以下の12項目が合意された。[＊5]

1、双方即時停戦を保証すること。
2、ＯＳＣＥによる停戦の確認と監視を保証すること。
3、ウクライナ法「ドネツク州及びルガンスク州の特定地域の自治についての臨時令」の導入に伴う地方分権。
4、ウクライナとロシアの国境地帯にセキュリティゾーンを設置し、ロシア・ウクライナ国境の恒久的監視とＯＳＣＥによる検証を確実にすること。
5、すべての捕虜及び違法に拘留されている人物の解放。
6、ドネツク州及びルガンスク州の一部地域で発生した出来事に関連する人物の刑事訴追と刑罰を妨げる法律。
7、包括的な国内での対話を続けること。

8、ドンバスにおける人道状況を改善させる手段を講じること。
9、ウクライナ法「ドネツク州及びルガンスク州の特定地域の自治についての臨時令」に従い、早期に選挙を行うこと。
10、違法な武装集団及び軍事装備、並びに兵士及び傭兵をウクライナの領域から撤退させること。
11、ドンバス地域に経済回復と復興のプログラムを適用すること。
12、協議への参加者に対して個人の安全を提供すること。

特に重要なポイントは9番目の項目である。ウクライナは、ドネツク州及びルガンスク州には特別な配慮をした自治を認めたのである。しかし、合意は守られなかった。ウクライナ革命政府とドネツク・ルガンスクは双方とも違反を繰り返した。

＊1　ハミルトン・フィッシュ『ルーズベルトの開戦責任』草思社文庫、２０１７年
＊2　https://www.kyivpost.com/post/9027

https://www.kyivpost.com/post/9027

＊３　https://matveychev-oleg.livejournal.com/1224806.html

＊４　https://www.mofa.go.jp/mofaj/area/osce/gaiyo.html

＊５　https://ja.wikipedia.org/wiki/ミンスク議定書#cite_note-5OSCE2014-11

第4節

ウクライナ戦争勃発の経緯 その2：ミンスク合意2（議定書）

多民族国家が統一を保つ秘訣は少数民族の保護

繰り返されるミンスク合意違反を受けて、関係国は新たな合意を結んだ。２０１５年2月11日のことである。即時停戦を含む13の項目が合意された。この合意はミンスク合意2として知られている。

ミンスク合意2は、アンゲラ・メルケル首相（ドイツ）とフランソワ・オランド大統領（フランス）が立会人になっていた。また合意に実効性を持たせる方策として、ＯＳＣＥが積極的に合意違反行為を監視することが決められた。合意の肝は、先にも書いたようにドネツク州及びルガンスク州には特別な配慮をした高度な自治を認めることであった。

ミンスク合意2以降に何があったのかについては、ＯＳＣＥによる日報で確認できる。ここ

OSCE Organization for Security and Co-operation in Europe
Special Monitoring Mission to Ukraine

Daily Report 51/2021

4 March 2021[1]

Summary

- In Donetsk region, the SMM recorded 102 ceasefire violations. In the previous reporting period, it recorded ten ceasefire violations in the region.
- In Luhansk region, the Mission recorded no ceasefire violations for the fourth consecutive day.
- The SMM continued monitoring the disengagement areas near Stanytsia Luhanska, Zolote and Petrivske, and observed people inside the area near Zolote during daytime.
- The Mission observed weapons in violation of withdrawal lines in a non-government-controlled area of Donetsk region.
- The SMM facilitated and monitored adherence to localized ceasefires to enable maintenance, repairs and operation of critical civilian infrastructure. It heard seven ceasefire violations close to the Donetsk Filtration Station (DFS), near the time when a bus with DFS workers was driving towards the station.
- The Mission continued following up on the situation of civilians, including at two entry-exit checkpoints and four corresponding checkpoints of the armed formations in Donetsk and Luhansk regions.
- The SMM observed 11 trucks bearing the logo of a humanitarian organization cross the contact line near non-government-controlled Vesela Hora towards government-controlled Shchastia.
- The Mission's freedom of movement continued to be restricted.*

ＯＳＣＥレポート

に２０２１年３月４日付の日報を示した。*1

ロシアのウクライナ侵攻はミンスク合意２から７年後のことである。合意違反はどちらの勢力にもあった。はっきり言えるのは、ウクライナ革命政府は、東部２州に高度な自治を約束したもののそれを守りたくなかったことである。

多民族、異文化を内包する国家が統一を保持することは難しい。歴史上それを最もうまくやった国は、オーストリア・ハンガリー帝国（以下墺とする）である。墺は、正統派歴史家によって第１次世界大戦での敵国とされ、専制国家と不当に貶められているが、多民族国家として緩い統一を成し遂げていた稀有な国だったのである。

墺は領土内の国民にドイツ語を強制しなかった。議会でもハンガリー語が堂々と使われた。ハンガリー語が理解できない議員ものんびりとそのスピーチを聞いていた。多民族国家であっても神聖ローマ帝国の正統的後継国家としての威厳を保っていた。国民が皇帝フランツ・ヨーゼフ1世（在位1848～1916年）を慕っていたからである。多民族国家が統一を保つ秘訣は少数民族の権利を擁護し、彼らの異文化を認めることであった。ヨーゼフ1世治世下の墺はもっと評価されるべきである。

これができる国はほとんどない。たとえば第1次世界大戦後にできた国であるチェコスロバキアもポーランドも国内に少数民族を抱え込んだが、少数民族の文化を認めようとしなかった。

チェコスロバキアは、ドイツ系人口310万人を擁するズデーデン地方（旧墺領）を抱え込んだ。そうでありながらドイツ語を公用語として認めなかった。ドイツ系学校も次々と閉鎖され、ドイツ系住民は公務員採用でも不利になった。これがチェコスロバキアから分離独立を望む声となり、最終的にヒトラーがその望みをかなえる形で、ズデーデン地方を併合した。これがズデーデン危機（1938年）と呼ばれる事件である。

チェコスロバキアは、パリ講和会議では領土拡張欲をあからさまに見せた。英仏そして米の批判を浴びたが、少数民族の地位を保証する、彼らの文化を尊重すると大見得を切った。第2のスイスとなって西側諸国とソビエトの間に立つ緩衝国となると訴えた。しかし領土拡張が認められると、少数民族への配慮を全く見せなかった。第2次世界大戦は、チェコスロバキアの約束破りが遠因となっていることを忘れてはならない。ポーランドも似たようなものであった。

ポーランドも、およそ74万のドイツ系住民（1931年統計）を抱え込んだ。人口のおよそ2・3％にあたる。ドイツのポーランド侵攻は、ドイツ系住民の保護を巡る問題に起因している。

少数民族の保護に失敗すると、周辺諸国を巻き込んだ大戦になる。それは歴史が証明している。この問題は実にデリケートで、その解決のための外交も容易ではない。

ロシアは合意を歓迎していた

プーチンが、ウクライナ東部諸州の「自治の回復」を要求して軍事侵攻を始めたのは2022年2月24日のことであった。プーチンは、これを特別軍事作戦と呼んだ。単純な領土侵略ではないことを世界に伝えようとしたのである。

ロシア侵攻後、直ちに露ウによる停戦交渉がトルコのイスタンブールで始まった。トルコは

NATOメンバーであるが、エルドガン大統領が精力的に仲介に入っていた。軍事侵攻から一月も経たない2022年3月20日、チャウシュオール・トルコ外相が、露ウ両国の合意は近いと語った。[*2]

合意の全貌はわかっていないが、これまでに漏れてきた情報を総合すればその概要はわかっている。主要な点は以下の通りである。

1、ウクライナ永世中立化、NATO非加盟
2、ウクライナの安全保障
3、ウクライナ軍の規模の制限
4、ウクライナ政府の非ネオナチ化

ロシアが合意を歓迎していたことは、4月初めにはキーフ周辺に展開していた軍を撤退させたことからわかる。ロシアはこうすることで合意締結に前向きであることを示したかったのである。[*3] しかしロシアにとっては意外なことに、ウクライナは、交渉団が署名していた合意を破棄した。その理由は、撤退するロシア軍が民間人を虐殺したからだというものだった。これが

虚偽であることはすでに明らかになっている。ましてや撤退のタイミングを見れば、ロシアの主張である「合意を受けてのロシア側の誠意を見せた」というのが正しそうである。

いずれにせよ、この合意の破棄がウクライナ側からなされたことは間違いない。2023年6月、プーチンは、ウクライナ代表団が合意し署名した文書を示しながらのインタビューに応じた。[*4]

長々と2つのミンスク合意の署名と、それが崩壊する過程を書いた。ウクライナが、少数民族であるドンバス地方の高度な自治を認めていれば今のような状況は生まれなかった。しかし、かつてのチェコスロバキアやポーランドがそうだったように、国内に存在する少数民族の自治を認めず、多数派に同化させようとした。

いずれにせよ、こうした経緯をじっくりと観察すればウクライナ、ロシアどちらが正義かという議論が無意味であることがわかる。もう1つ、はっきりしていることがある。米国ネオコン官僚や主要メディアが声高に訴えている「狂人プーチンはウクライナを占領したら、さらに西ヨーロッパ諸国に攻め入る考えである」という主張には全く根拠がないことである。

＊1 https://duckduckgo.com/?q=OSCE+report+Ukraine+pdf&atb=v433-1&iar=images&iax=images&ia=images&iai=https%3A%2F%2Freliefweb.int%2Fsites%2Freliefweb.int%2Ffiles%2Fstyles%2Fattachment-large%2Fpublic%2Fresources-pdf-previews%2F1558178-OSCE%2520Special%2520Monitoring%2520Mission%2520to%2520Ukraine%2520(SMM)%2520Daily%2520Report%252051-2021%2520issued%2520on%25204%2520March%25202021.png%3Fitok%3D2Kcgq2S5

＊2 https://www.reuters.com/world/turkey-says-russia-ukraine-getting-closer-agreement-critical-issues-2022-03-20/

＊3、4 https://www.rt.com/russia/578220-putin-ukraine-neutrality-plan/

第5節　期待されるトランプ・プーチン頂上会談

連合国3巨頭の好悪の感情

日本人が学校で学ぶ歴史書には、登場人物の人間関係の機微は書かれない。登場人物の感情についての考察はない。しかし、現実の歴史は、登場人物の人間関係あるいは他者に対する好悪の気持ちの中で形成されていく。一般の歴史書とりわけ教科書が好悪の感情を含めた歴史を書かないのにはそれなりの理由がある。人間の感情つまり心の中を知ることは無理だからである。

しかし、描写しようとする人物周辺に散らばる史料を読めば、当該人物の感情の「合理的推論」は可能である。

たとえば第２次世界大戦の連合国３巨頭の好悪の感情である。フランクリン・ルーズベルト大統領は明らかにウィンストン・チャーチル首相よりもヨシフ・スターリンが「好き」だった。ルーズベルトのスターリン好きの感情は処々に現れている。

テヘラン会談（1943年11月28日〜12月1日）では、英国大使館ではなくソビエト大使館を宿所にした。チャーチルの招きを断ってスターリンを喜ばせた。ヤルタ会談（1945年2月4日〜11日）では、体調不良にもかかわらず大西洋を船で、地中海を飛行機で旅しクリミア半島のヤルタまでやってきた。ヤルタまでの山越えはジープだった。そしてルーズベルトはヤルタ会談の2か月後に死んだ。

第2次世界大戦後のソビエト領土の拡大、東欧諸国の衛星国化の原因は「ルーズベルトがスターリンを大好きだったから」であると書いてもよいのである。後付けでの小難しい歴史学的分析よりも、この表現のほうが正確である。

「トランプは『男』を見せた」

それではトランプとプーチンの関係はどうなのか。先に書いたように、トランプはプーチンとの関係は良いとはっきりと言っている。2人の間には一般人にはわからない感情が存在する。それもポジティブな感情である。

バルダイ会議で語るプーチン（SPUTNIK／時事通信フォト）

プーチンがトランプを高く評価しているのは確実だ。それがわかる映像が残っている。11月７日、プーチンはソチにいた。そこで開催されていたバルダイ会議に出席していたのである。

バルダイ会議は、正式にはバルダイ国際討論クラブと言われているように、世界規模の課題を学術専門家、政治家、ジャーナリストらを招いて議論させる会議である。会議を主宰するのはロシアであり、２００４年に設立された。第１回会議がバルダイ湖近くで開催されたことから通称バルダイ会議と呼ばれている。

プーチンはこの日（11月７日）のインタビューで、トランプの大統領選挙での当選を祝した。プーチンが何を語るか注目されていたが、トランプの再選でウクライナ戦争収束に向けての可能性が高くなったことを語った。プーチンの発言は重要である。ここにその内容を示す。[*1]

「この場を利用して彼（トランプ）の選挙戦勝利を祝したい。私はこれまでに繰り返し言ってきたように我々は、米国民の信託を受けた元首とならいつでも交渉する」（傍線筆者）

「君たちが彼（トランプ）をどう評価しようが勝手だ。彼が大統領にえらばれた時、彼はビジネスの男だ。政治がわかっていないから間違いばかりやってしまうだろう。そんな評価だった」

「しかしはっきり言っておこう。私は（暗殺未遂事件での）彼の行動・振る舞いに私は強く感銘を受けている。彼は真に勇気のある男であることを示した。拳を突き上げて『ファイト』と呼びかけたのだ。国民共通の思いを実現しようと訴えた」

「それだけではない。それをあの場面でやってのけた。あんな場面で彼は『男』を見せた。（一国のリーダーとして）正しい（素晴らしい）行動だった。本当の『男』を彼は見せてくれた」

プーチンは感情をあらわにせず、淡々と語っていた。しかし筆者には、彼の見せる落ち着いた表情の裏側に満面の笑みが見えた。読者には、是非自身でプーチンの語りを聞いてみてほしい。傍線部の「米国民の信託を受けた元首」は、バイデンは不正選挙で当選した男であり、米国民の付託を受けていない、と言っているのである。

プーチンの語りを世界の人々が見ていた。そして米露頂上会談の実現を願った。11月26日時点での彼のスピーチのユーチューブ再生回数は462万回である。最も多くの「いいね」（2・9万）がついた視聴者コメントは、次のようなものであった。

「米国とロシアは敵としていがみ合ってはならない。互いに敬意を払う。最低でもそれが必要だ」

2・7万の「いいね」が付いたもう一つのコメントは「主要メディアは、プーチンはトランプ勝利を祝いはしないっていったぞ」であった。

世界の多くの人々が、プーチンを悪魔化する主要メディア報道の嘘に気付いている。トランプは「男」を見せたと率直に認めるプーチンの語りを見れば、この男がウクライナを征服した暁にはポーランドを狙い、さらにはバルト三国も狙う。そして西ヨーロッパまで触手を伸ばす悪魔だ、という日本の大学教授の言葉がいかに狂っているかわかる。

米露頂上会談は実現する

トランプ再選を許した戦争屋ネオコンに牛耳られるバイデン政権が、最後っ屁を放つように長距離ミサイルATACMSのロシア領土内攻撃許可を出したこと、そしてウクライナが実際にそれをロシア領土内に発射したことはすでに書いた。

ネオコンはトランプ・プーチン頂上会談に怯えている。米露が敵ではなく世界平和実現のパートナーと化したら困るのは彼らである。戦争を続けたい彼らが、頂上会談実現を妨害するために仕向けたのがATACMSのロシア領土内攻撃許可の暴挙であった。

この行為について、ネオコンの対露外交を従前から批判してきたシーモア・ハーシュ（米国調査報道ジャーナリスト）は2024年11月26日付の自身のメルマガの中で次のように書いている。[*2]

「私の耳に入っている情報では、ATACMSのロシア領土内攻撃許可の決断前に、それがどのような結果をもたらすかについてバイデン政権は十分な検討をしていないようだ。対露の緊張をエスカレートさせることに慎重な意見は全く考慮されなかったらしい」

バイデン政権、つまりネオコン政権のアメリカ外交がいかに危険かわかる。第3次世界大戦になっても構わない、と考える狂人は存在するのである。

米国によるATACMSのロシア領土内攻撃許可に驚き、憤っているのはシーモア・ハーシュだけではない。英国の政治評論家ロドニー・アトキンソンは、次のように書いている。[*3]

「ロシアは報復として、中距離弾道ミサイル・オレシュニクを発射した。ウクライナは、このミサイルを迎撃する能力がない。マッハ10で飛来するこのミサイルは、ドニプロにあるミサイル製造施設を破壊した。ロシアは、オレシュニクの発射を西側への核攻撃であると誤解させないためにあらかじめワシントンに通知していた」

ネオコンの挑発に対してロシア側の対応が冷静であることが知れる。ネオコンは、バイデン政権終了前に何としてでも頂上会談でも戦争が止められない、あるいは止めにくい状況を作りたいのである。米露頂上会談は世界の安定のためにはどうしても必要である。必ず実現させなければならないし、実現するであろう。

筆者が実現するに違いないと考える理由の１つに、ウクライナ世論の急激な厭戦ムードへの変化がある。２０２３年末には戦争継続を望む声は60％を超えていたが、２０２４年末には３８％に低下した。一方で外交交渉による停戦を臨む世論は過半数を超え、52％となった。[*4]

世論を考えれば、ウクライナがこれ以上戦いを続けることは不可能である。これも米露首脳会談に向けての追い風になっている。

＊1　https://www.youtube.com/watch?v=d4xTktY-lrw

＊2　Seymour Hersh,Biden’s Last Hurrah against Russian and Putin, November 26, 2004

＊3、4　Rodney Atkinson, Ukraine War Takes Fatal Turn, Global Research, November 25, 2024

エピローグ　メディア崩壊と再生の期待

主要メディア報道を信じる共和党支持者はわずか12％

確かにトランプの勝利は一方的であった。しかし、全米で７４３７万がカマラ・ハリスに投票していた。トランプの得票数は７６８６万票であった。得票数の差は２５０万票である。

筆者はカマラ・ハリスのおバカぶりを自身のユーチューブチャンネル（『そうきチャンネル』）で、あるいは他のＳＮＳ番組にゲスト出演して、繰り返し語ってきた。ロジカルな話ができず、核心に近づくと奇妙なおバカ笑いで質問者をはぐらかす女性が、まともな政治家でないことはすぐわかる。

そうでありながら、７４００万を超える有権者が彼女に投票したことに愕然とする。その根本の原因は主要メディアにある。彼らは「王様の耳はロバの耳」と言わなかった。ハリスのおバカぶりを隠し続けた。

いま米国民の主要メディアに対する信頼度は地に落ちている。ここにギャラップによるメディアに対する信頼度の推移グラフを示した。[*1] １９７２年から２０２４年の信頼度の動きが手に取るようにわかる。３本のグラフの上が民主党支持者、下が共和党支持者、中央の破線が無党派層である。

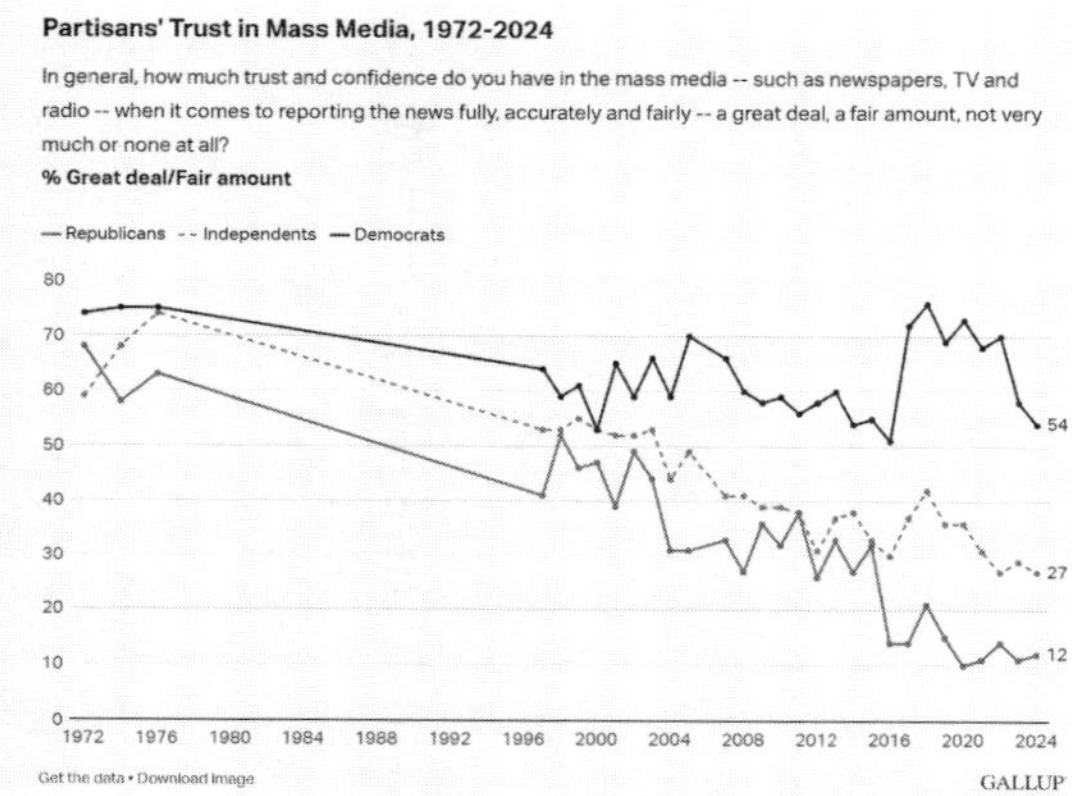

ギャラップのメディア信頼度調査（1972年から2024年まで）

共和党支持者では、主要メディア報道を信じる者はわずか12％である。ほぼ10人に１人である。無党派層も27％だから、わずか４人に１人である。

この２つの層に比べて民主党支持者のメディアへの信頼度は驚くほど高く、54％もある。主要メディアの一角であるテレビ局は、ＦＯＸニュースを除きすべて親民主党である。民主党支持者の半分強がそのメディア報道を信じている。各局に登場するコメンテーターの反トランプの言葉の汚さは常軌を逸していた。

リベラル思想に頭のいかれた民主党支持者は、口汚いトランプ誹謗中傷のコメントを聞いて自身の「正しさ」を再確認する。同じ考えの主張は耳に心地よい。

しかし、心地よく響くトランプへの罵詈雑言も、ハリス勝利の高い可能性の言葉も嘘であった。メディアの垂れ流す嘘を信じていた民主党支持者の54％が、トランプ大勝に驚いたのである。彼らの「裏切られた感」は凄まじかった。左翼リベラルテレビを見る者が、潮が引くように消えていった。

視聴者の半分を失ったMSNBC

主要テレビ局はFOXを除きすべて反トランプだが、なかでもCNN、MSNBCの両局のトランプ嫌いは他を圧倒していた。11月5日の選挙日には、民主党支持者は両局の報道をかぶりつくように見ていた。MSNBCを600万が、CNNを510万人が見ていた。（ニールセン調べ[*2]）
MSNBCの選挙日翌日からの数字は悲惨だった。選挙前の毎日の平均視聴者が81万人に急降下した。選挙前の平均視聴者数は165万人であったから、視聴者の半分が消えたことになる。[*3] 嘘報道を続けたメディアへの当然の報いだった。

ＣＮＮもＭＳＮＢＣほどではなかったが、こちらもひどく落ち込んだ。選挙前の平均視聴者数は83万人だったが、選挙後は61万人となった。

一方、トランプ支持を今回は貫き通したＦＯＸニュースは、選挙日には１０３０万人が視聴した。選挙後の平均視聴者は４３８万人である。選挙前の数字から58％の増加だった。[*4] おそらくＭＳＮＢＣやＣＮＮを見ていた視聴者がＦＯＸに移ったのであろう。ＦＯＸは２０２０年の大統領選挙報道では、まるで親民主党メディアであるかのように振る舞い、視聴者離れを招いた。今回はその轍を踏まなかった。

視聴者の半分を失ったＭＳＮＢＣのコメンテーターらの衝撃は大きかった。高額な契約がいつ断たれるかの危機を感じたのは、『モーニングジョー』（朝のニュースショー）の２人のコメンテーターである。ジョー・スカーボロと妻のミカ・ブルゼジンスキーである。ブルゼジンスキーの父は、カーター政権で国家安全保障問題担当大統領補佐官を務めたズビグネフ・ブレジンスキーである。

２人のトランプバッシングは酷いものであった。「トランプは民主主義の敵である」「トランプは現代のヒトラーだ」などと罵り、全体主義政党民主党の広告塔であった。そんな２人も、余りの視聴者離れに怯えた。２人は、トランプへの接触を決めた。11月18日にオンエアーされた「The Daily Show」で、トランプのマーアラーゴ邸でトランプにインタビューしたことを明かした。

ブルゼジンスキーは次のように語った。[*5]

「ジョーと私は、これまでとは違ったことをすべきだと決めました。これまではトランプについて語ってきました。これからはトランプと共に語ろうと思います」

「彼は、陽気で何もかもにポジティブでした。民主党と一緒にやれる共通の土俵がないかとも語っていました」

トランプは性善説を取る男である。彼は自身をさんざん貶めてきた２人を快く迎え、インタビューに応じた。２人がまともになってくれることを期待しているからである。トランプには強い自信がある。「もう少し早い段階で会えていれば良かった」[*6]と語るほどの余裕だった。

ＭＳＮＢＣのスタッフは、彼らの行動を苦々しく思いながらもこれも時の流れだと諦めた。

メディアが変わればアメリカはまともになる

そんなMSNBCスタッフに衝撃のニュースが流れた。親会社コムキャストがMSNBCを売りに出すかもしれないとの噂である。ディープステイトの操るFBIあるいはFDAなどの圧力で反トランプメディアに堕していたツィッターをイーロン・マスクがまともな言論プラットフォームに再生させた。それを知っている共和党支持者が、いまマスクにMSNBCを買ってくれと望んでいる。そんな声がX上に溢れている。

「イーロンはMSNBCを買うべきだ。民主党工作員のようなリベラルコメンテーターを全員首にしてくれ」

「イーロンがMSNBCを買ってくれたら、アメリカはテキサス州のようにまともになるよ」

辛辣な投稿もある。

「イーロンはMSNBCを買うべきではない。奴らがのたうち回って死んでいくのを見る方がもっと楽しいじゃないか」

コムキャストがMSNBCを売りに出すかもまだ不明である。マスクがMSNBCを買うかどうかもわかるはずもない。しかし、本書発売前にあるいは直後に「MSNBC、マスクに売却」という報道があっても驚くに値しない。ただはっきりしていることは、親会社コムキャストがMSNBCの経営を大きく変えることである。

メディアが変わればアメリカはもっともっとまともになる。ディープステイト、ネオコン勢力が隠し続けてきた情報が米国民にストレートに伝わる。本物の情報を得れば米国民はよりまともになれる。

第2次トランプ政権は日本が変わる最後のチャンス

翻って、心配なのは日本の政治である。日本は自民党も政府官僚組織もそしてメディアも、民主党の政策を忠実に日本に導入し、実行してきた。LGBT、DEI、脱炭素、アジア版NATO。これらは第2次トランプ政権ではすべて否定される。

新設の政府効率化省は、無駄な規制とそれに伴う不要な官僚組織をバッサリと切り落とす。それが大きな効果を挙げ、インフレを抑制しながら国民生活を豊かにすることは間違いない。日本国民もトランプ改革の成功を遠くから見せつけられることになる。このままでは、日本こそが政府規制にがんじがらめにされ、高い税に苦しむ、グローバリズム全体主義の完成形国家になり果てるかもしれない。
第2次トランプ政権は、日本が変わる最後のチャンスである。トランプには、暗殺の危険が常に伴うが、4年の任期を全うしてほしい。

２０２４年師走

渡辺惣樹

＊1　https://news.gallup.com/poll/651977/americans-trust-media-remains-trend-low.aspx
＊2、3、4　Kayla Cobb, MSNBC Viewership Drops by Half in Days After Trump Victory, The Wrap, November 12, 2024
＊5、6　『ニューヨーク・ポスト』２０２４年11月18日

〈著者略歴〉
渡辺惣樹（わたなべ　そうき）
1954年、静岡県生まれ。東京大学経済学部卒。日米近現代史研究家。30年にわたり、米国・カナダでビジネスに従事。米英史料を広く渉猟し、日本開国以来の日米関係を新たな視点でとらえた著作が高く評価される。『日米衝突の萌芽 1898-1918』（草思社）で第22回山本七平賞奨励賞受賞。YouTubeチャンネル「そうきチャンネル」を好評配信中。他の著書に『英国の闇チャーチル』（ビジネス社）、『アメリカ民主党の欺瞞 2020-2024』（ＰＨＰ研究所）、『真珠湾と原爆 日米戦争を望んだのは誰か』（ワック）など多数がある。

装丁：斉藤よしのぶ

トランプが戦争を止める
米露蜜月とネオコンの崩壊

2025年1月10日　第1版第1刷発行

著者　渡辺惣樹
発行者　永田貴之
発行所　株式会社ＰＨＰ研究所
東京本部　〒135-8137　江東区豊洲5-6-52
ビジネス・教養出版部　☎03-3520-9615（編集）
普及部　☎03-3520-9630（販売）
京都本部　〒601-8411　京都市南区西九条北ノ内町11
PHP INTERFACE　https://www.php.co.jp/
組版　株式会社PHPエディターズ・グループ
印刷所　株式会社精興社
製本所　株式会社大進堂

© Soki Watanabe 2025 Printed in Japan
ISBN978-4-569-85859-3
※本書の無断複製（コピー・スキャン・デジタル化等）は著作権法で認められた場合を除き、禁じられています。また、本書を代行業者等に依頼してスキャンやデジタル化することは、いかなる場合でも認められておりません。
※落丁・乱丁本の場合は弊社制作管理部（☎03-3520-9626）へご連絡下さい。送料弊社負担にてお取り替えいたします。